Gisela Hopfmüller | Franz Hlavac

111 Orte in Kärnten, die man gesehen haben muss

111

emons:

Bibliografische Information der Deutschen Nationalbibliothek
Die Deutsche Nationalbibliothek verzeichnet diese Publikation in der Deutschen Nationalbibliografie; detaillierte bibliografische Daten sind im Internet über http://dnb.d-nb.de abrufbar.

Gestaltung: Eva Kraskes, nach einem
Konzept von Lübbeke | Naumann | Thoben
Kartografie: altancicek.design, www.altancicek.de
Kartenbasisinformationen aus Openstreetmap,
© OpenStreetMap-Mitwirkende, ODbL
Druck und Bindung: Himmer GmbH Druckerei & Verlag, Augsburg
Printed in Germany 2021
ISBN 978-3-7408-1077-1
Originalausgabe

Vorwort

Seeidylle? Natürlich! Glück in den Bergen? Keine Frage! Kulturschätze bestaunen? Unbedingt! Genuss mit Reindling und Kasnudln? Selbstverständlich!

Kärnten ist bekannt und wird geliebt. Doch mit Entdeckergeist an Geschätztes heranzugehen zahlt sich aus. Wir, Gisela Hopfmüller, in Kärnten geboren und aufgewachsen, und Franz Hlavac, der Niederösterreicher, haben uns mit Wissen, Neugier und Begeisterung auf Streifzüge begeben. Wir holen eine Menge Verborgenes hervor, machen auf Übersehenes aufmerksam, erinnern an fast Vergessenes, lassen die Leser über Skurriles schmunzeln, beleuchten überraschende Facetten an Bekanntem. So entsteht eine Sammlung von Wissenswertem aus Kärntens Vergangenheit und Gegenwart: von den Kelten und Römern über mittelalterliche Strukturen zwischen Adel und Bergbau bis zum Kärntner Abwehrkampf von 1920. Der mündete in eine Volksabstimmung, die den Verbleib des ungeteilten Landes bei Österreich möglich machte. Jahrzehntelang schwelten Konflikte zwischen der deutschsprachigen Mehrheit und der slowenischsprachigen Minderheit; ganz ausgeräumt sind sie bis heute nicht. Der Streit um das Kulturgut zweisprachiger Ortsnamen wurde 2011 nach mühsamem politischen Ringen mit dem Aufstellen von zumindest 164 zweisprachigen Ortstafeln beendet.

Es sind nicht nur die vielen Seen, die Kärntens Landschaft prägen. Der Hauptfluss Drau durchzieht das Land als lebendige Ader. Dass Teile des Drautals Rosental und Jauntal heißen, kann als bekannt vorausgesetzt werden. Aber es ist aber auch gut zu wissen, dass sich das eine Tal vom romanischen Flurnamen »rasa«, Landschaft um den Fluss, herleitet und das andere von der römischen Siedlung Juenna, die im Gebiet der heutigen Gemeinde Globasnitz/Globasnica lag. Vieles in Kärnten präsentiert sich bei veränderter Perspektive frisch und überraschend. Wir begleiten unsere Leser dabei, das Land noch intensiver als bisher zu erleben.

Gisela Hopfmüller und Franz Hlavac

111 Orte

TÜRKEI

1 Auer-von-Welsbach-Museum

Mehr Licht für die Welt

Ein universelles Genie, wissenschaftlich wie wirtschaftlich – ein Bill Gates der Vergangenheit. Wer mit derlei Superlativen bedacht wird, muss Außergewöhnliches geleistet haben. Auf Carl Auer von Welsbach (1858–1929) trifft das zu. Er ist der Erfinder des Gasglühlichts, der Metallfaden-Glühlampe und des Zündsteins für Feuerzeuge. Also von drei Dingen, welche die Welt verändert haben. Außerdem entdeckte er vier chemische Elemente: Neodym, Praseodym, Ytterbium und Lutetium. Das Auer-von-Welsbach-Museum im alten Stadtteil von Althofen, oben am Hügel neben der Kirche, bringt jeden zum Staunen. Roland Adunka (Jahrgang 1939) hat es seit 1996 aufgebaut. Er ist ein Insider, denn mehr als 40 Jahre lang hat er in dem Unternehmen gearbeitet, das auf Auer zurückgeht, den Treibacher Chemischen Werken, heute Treibacher Industrie AG.

Der Grundstein für die Erfolge des in Wien geborenen Auer liegt im Studium in Heidelberg bei Robert Wilhelm Bunsen und in Wien bei Adolf Lieben. 1885 meldete er das Patent seines Gasglühlichts mit Glühstrumpf an, das stärkste bis dahin bekannte künstliche Licht. Dieses Auer-Licht machte ihn zum vermögenden Fabrikanten. Unter anderem erwarb er ein Urlaubsdomizil in Kärnten. In dieser Zeit stand die hiesige, jahrhundertealte Eisenindustrie vor dem Ende. Die Landesregierung ersuchte Auer um Hilfe bezüglich der wirtschaftlichen Situation. Also errichtete er in einem stillgelegten Eisenwerk in Treibach-Althofen den größten chemisch-metallurgischen Forschungsbetrieb der k. u. k. Monarchie. 1898 folgte Auers nächste revolutionäre Erfindung: die Metallfaden-Glühlampe. 1906 meldete er die Schutzmarke »Osram« an. 1903 wurde auch sein Zündstein, eine Metalllegierung aus Cer und Eisen, zum Riesenerfolg. Seine Firmen in Europa, den USA und Kanada wuchsen zu einem Imperium zusammen. Kärnten blieb Auers Wohnsitz bis zu seinem Tod.

Adresse Auer-von-Welsbach-Museum, Burgstraße 8, 9330 Althofen, www.auer-von-welsbach-museum.at | Anfahrt B 317, Abzweigung Althofen, der Beschilderung ins Zentrum und von dort zum Museum folgen | Öffnungszeiten 1. Mai – 26. Okt. täglich außer Mo 10 – 17 Uhr, Führungen nach Vereinbarung | Tipp In Treffling westlich von Althofen steht auf einem Hügel die hübsche Kirche St. Michael. Ein Christophorus an der Außenwand wie hier findet sich an vielen mittelalterlichen Kirchen. Dieser hat eine spezielle Begleitung: eine Nixe mit zwei seitlich hochgezogenen Schwänzen als Symbol sowohl für Fruchtbarkeit als auch für die Begleitung Verstorbener zur Wiedergeburt. Das passt, denn der Karner neben der Kirche ist noch voller Schädel und Knochen.

2 Die Kreuzkapelle

Erstaunliches untendrunter und obendrüber

Am Anfang stand ein Kruzifix. Eine rare Ausführung, die staunen lässt, denn ein Steinmetz hat es direkt in einen Felsen gemeißelt. Es steht am östlichen Ortsrand von Arnoldstein an der alten Hauptstraße (die neue Bundesstraße verläuft parallel dazu). Das Kreuz ist nicht das einzig Erstaunliche hier, denn die Kreuzkapelle besteht aus zwei Kapellen.

Den unteren Bau ließ Benedikt, Abt des Klosters von Arnoldstein, im Jahr 1529 rund um das steinerne Kruzifix und über den vor dem Felsen fließenden Bach errichten. Schon seit 1517 wird der Ort als Andachtsstätte von Gläubigen frequentiert, von manchem wohl wegen des Gerüchts, der steinerne Gekreuzigte sei von selbst aus dem Gestein gewachsen. Um derlei Aberglauben entgegenzuwirken, ließ der Abt eine Steintafel mit den wahren Fakten anbringen. Einen weiteren Grund für den Bau dieser Kapelle zeigt ein Wandbild an der Außenseite: Ein Blitz hat Zugtiere eines Gefährts getroffen, aber dank Gottes Hilfe ist der Bauer nicht zu Schaden gekommen (die Jahreszahl 1592 wird als Zahlensturz von 1529 gewertet). Ein zweites Wandbild weist auf wundersames Geschehen zehn Jahre nach Errichtung der Kapelle hin: Ein Graf Arbogast ist vom Pferd gefallen und »am ganzen Leib zermorst« gewesen, aber durch Gottes Gnade »bei gutem Verstand« geblieben.

Etwa 130 Jahre später ließ ein Abt namens Nonnosius die zweite Kapelle oben auf den Felsen setzen. Sie ist nur über einen hölzernen Gang von der Hangseite und eine zierliche, von Säulenarkaden gebildete Loggia zu erreichen. Der Innenraum bleibt dem Besucher verborgen, die Kapelle ist meist verschlossen. Die erstaunliche Gesamtkonstruktion an und auf dem Felsen hat einen dritten Teil auf der anderen Straßenseite. Was wie ein Haltestellenhäuschen wirkt, ist der Gebetsraum für die Gläubigen mit Blick auf das Kruzifix im Felsen. Also führt die Straße mitten durch die untere Kapelle.

Adresse Kreuzkapelle, Kreuzkapellenweg, 9601 Arnoldstein | **ÖPNV** Zug von Villach Richtung Hermagor bis zum Bahnhof Arnoldstein, von dort sind es wenige Minuten zu Fuß zur Kapelle | **Anfahrt** B 83 in Richtung italienischer Grenze bis Arnoldstein fahren, am Ortsbeginn links in den Kreuzkapellenweg biegen | **Öffnungszeiten** die untere Kapelle ist immer zu besichtigen, die obere fast immer versperrt | **Tipp** Es gibt nur noch eine zweite Kirche in Kärnten, durch deren Mitte eine Straße führt: Es ist die Kreuzbichlkapelle in Gmünd im Liesertal. Sie hat einen Altarraum auf der einen Straßenseite und einen zweigeschoßigen Teil für die Kirchenbesucher auf der anderen.

3 Der Schrotturm

Industriegeschichte rund um das Blei

56 Meter ragt ein denkmalgeschütztes Industriebauwerk im Ortsteil Gailitz in die Höhe: der Schrotturm. Errichtet 1830, war er einst wichtigster Teil einer Schrotfabrik. Übrigens der ersten, die es in Österreich gab, 1817 gegründet an einem geschichtsträchtigen Standort. Denn hier hatten schon 1495 die drei Brüder Ulrich, Jakob und Georg aus dem mächtigen Handelsgeschlecht der Fugger eine »Saigerhütte« (»saigern« ist das senkrechte Abtropfen des Bleis) errichtet und auch einen Adelssitz besessen, die Fuggerau. Verarbeitet wurde Blei aus dem nahen Ort Bleiberg. 1570 ging die Anlage in den Besitz des Klosters Arnoldstein über. Es wurde still an dem Ort, bis 1814 ein Bleihändler namens Simon Wallner einen 25 Meter hohen hölzernen Schrotturm bauen ließ: Flüssiges Blei wurde oben durch ein Sieb in eine Gussröhre geschüttet. Während des Fallens kühlte das Blei ab, und es bildeten sich Schrotkörner, die am Fuß des Turms in einer Wasserwanne endgültig fest wurden. Wallner hatte dieses Verfahren in England kennengelernt. Auf gleiche Art fand ab 1830 der gemauerte Turm in Arnoldstein Verwendung. Angebaut sind ein Verwalterhaus und eine ehemalige Werkshalle.

1880 wurde die Anlage von der BBU, der Bleiberger Bergwerks Union, erworben und der Turm um sechs Meter auf die heutige Höhe aufgestockt. Die BBU war ursprünglich ein Zusammenschluss verschiedener Bergwerksbetriebe in Bleiberg, zuletzt war sie Teil der verstaatlichten Industrie Österreichs. Der Standort Gailitz wurde mehrfach modernisiert und ausgebaut, verschiedene chemische Produktionsstätten ergänzten eine Bleiwarenfabrik. Doch wirtschaftliche Probleme führten dazu, dass 1974 der Betrieb des einzigen damals noch in Betrieb befindlichen österreichischen Schrotturms eingestellt wurde. Rund um den Turm breiten sich nun schlichte Wohnhausanlagen aus. Nachfolgebetriebe der BBU sind in einem modernen Industriepark in Arnoldstein angesiedelt.

Adresse Schrotturm, Schrotturmstraße 21, 9601 Arnoldstein | Anfahrt A 2 Abfahrt Arnoldstein, B 83 Richtung Arnoldstein bis zum Kreisverkehr, dort dem Schild »Schrotturm« folgen | Öffnungszeiten nur von außen zu besichtigen | Tipp Auch ein Blick auf das 1106 gegründete und 1783 aufgehobene Benediktinerkloster Arnoldstein lohnt sich. Die einstige Ruine wurde restauriert und beherbergt heute ein Kulturzentrum.

4 Die Kandelaberfichte

Ein Riesenbaum in Kärntens Mitte

Staunen ist angesagt! 35 Meter hoch, ein Hauptstamm mit mehr als acht Metern Umfang, sieben Wipfel – die Fichte im Arriacher Ortsteil Laastadt ist ein großartiger Baum! Mehr als 500 Jahre ist sie alt, wobei Fichten meist maximal 100 Jahresringe haben. Aber gleich neben ihr entspringt ein Bach, der sie offenbar gesund hält. Vermutlich durch Schneebruch muss der Baum in der Jugend seinen Wipfel verloren und danach hochragende Seitenäste als Ersatz getrieben haben. Die Form eines Kerzenleuchters entstand, eine Kandelaberfichte. Sie wird schon früh als Grenzbaum erwähnt, als 1524 Gabriel von Salamanca (Bauherr des Schlosses Porcia in Spittal an der Drau) mit der Grafschaft Ortenburg belehnt wurde.

Diese außergewöhnliche Fichte wächst in einer besonderen Gemeinde: Arriach ist der Mittelpunkt Kärntens. Der geografische Mittelpunkt liegt im Wald etwa viereinhalb Kilometer oberhalb des Ortszentrums: Länge 13°51'42" östlich von Greenwich, Breite 46°45'09" Nord im WGS (World Geodetic System) lauten die Koordinaten. Der Punkt ist über Wanderwege erreichbar. Eine Webcam liefert Bilder; jeder kann das Foto seines Besuchs dieser Stelle aus dem Internet herunterladen. Von diesem offiziellen Mittelpunkt Kärntens ist die Kandelaberfichte nur etwa einen Kilometer Luftlinie entfernt. Also darf sie wohl auch als eine Markierung von Kärntens Mittelpunkt gelten. Gleich daneben, am Moserhof, kann man in einem kleinen Bauernmuseum bestaunen, was Erich Rabitsch an bäuerlichen Gerätschaften von anno dazumal gesammelt hat. Seine Frau Irmi pflegt den Garten und ist zu Recht stolz auf ihre prächtigen Fuchsien.

Arriach war auch historisch ein Mittelpunkt, und zwar einer des Geheimprotestantismus, bis Kaiser Joseph II. im Jahr 1781 mit dem Toleranzpatent Glaubensfreiheit gewährte. Dem trägt im Ortszentrum ein Denkmal Rechnung, das neben einem Brunnen steht, aus dem »Mittelpunktwasser« sprudelt.

Adresse Kandelaberfichte, neben dem Moserhof, Laastadt 25, 9543 Arriach | **Anfahrt** A 10 Abfahrt Villach / Ossiacher See, weiter auf der B 98 Millstätter Straße bis zur Abzweigung nach Arriach – Teuchen Landesstraße, in Arriach vorbei an der evangelischen Kirche bergwärts nach Laastadt fahren | **Tipp** Der Ort hat auch einen kulinarischen Mittelpunkt: den Slow Food Gasthof & Vinothek »Alte Point«, benannt nach einer Weinlage in der Wachau in Niederösterreich (www.altepoint.at).

5 Der Peršmanhof

Blutige Geschichte in den Südkärntner Bergen

»Die Polizisten trugen grüne Uniformen und Bergmützen … Während ich in der Küche war, hörte ich in der Rauchküche Schüsse fallen … Es wurden die Großmutter und der Filipp erschossen.« Ciril Sadovnik war zehn Jahre alt, als er das erleben musste. Es war am 25. April 1945, als Angehörige einer Kompanie des SS- und Polizeiregiments 13 am Bergbauernhof der Familie Sadovnik, dem Peršmanhof, vier Erwachsene und sieben Kinder ermordeten; kurz vor Kriegsende eines der letzten Verbrechen an der kärtnerisch-slowenischen Zivilbevölkerung. Drei Kinder überlebten das Massaker. Der Hof wurde niedergebrannt. Die Familie hatte wie viele andere Kärntner Slowenen die in Ljubljana gegründete antifaschistische Partisanenbewegung unterstützt. Der Peršmanhof war ein wichtiger Stützpunkt im Widerstand gegen die Nationalsozialisten.

Hier im Süden Kärntens, wo slowenischsprachige und deutschsprachige Kärntner seit Jahrhunderten zusammenleben, wurde der auf 1.000 Meter Seehöhe gelegene Hof zu einem Symbol für das Leid der Kärntner Slowenen in der NS-Zeit und für den Umgang mit der Minderheit nach 1945. In den 1980er Jahren hat der Verband der Kärntner Partisanen dort ein kleines Museum eingerichtet, mit einem Partisanendenkmal davor. Dieses stand ursprünglich ab 1947 in Völkermarkt, wurde aber 1954 von unbekannten Tätern gesprengt. Offizielle Stellen zeigten wenig Ambition, das Denkmal wiederherzustellen, deshalb ließ es der Partisanenverband 1963 restaurieren und zum Peršmanhof bringen. 2012 wurde das Museum neu gestaltet und schildert nun auf 100 Quadratmetern Geschichte und Widerstand der Kärntner Sloweninnen und Slowenen. Übrigens: Die Schriftstellerin Maja Haderlap, Gewinnerin des Ingeborg-Bachmann-Literaturpreises 2011, die am Vinklhof nahe dem Peršmanhof aufgewachsen ist, hat in ihrem Roman »Engel des Vergessens« über ihr Erleben der Südkärntner Geschehnisse erzählt.

Adresse Museum und Gedenkstätte Peršmanhof, Koprein-Petzen 3, 9135 Bad Eisenkappel-Železna Kapla, www.persman.at | **Anfahrt** A 2 Abfahrt Völkermarkt West, B 82 nach Bad Eisenkappel, dort links Richtung Leppen und Peršman-Museum abbiegen | **Öffnungszeiten** Anfang Mai – Ende Okt., Fr, Sa, So und Feiertage 10 – 17 Uhr | **Tipp** Für eineinhalb Stunden eintauchen in die faszinierende Welt der Obir-Tropfsteinhöhlen bei Bad Eisenkappel; diese locken von Mitte April bis Mitte Oktober viele Besucher an (www.hoehlen.at).

6 Die Speik-Skulptur

Zu Ehren des Alpenbaldrians

Dieser Speik ist nicht zu übersehen! Ein Stängel aus Eisen ragt vier Meter hoch auf, daran weiße Blüten aus Acryl. Die Skulptur des Künstlers Hans Pertl steht auf dem Aussichtsplatz beim Matl-Sepp-Hof im Ortsteil Rottenstein. Es ist die Darstellung einer Pflanze, die in natura keine Schönheitskonkurrenz gewinnt. Aber wie so oft zählen auch beim Speik die inneren Werte. Und der Duft. Unwiderstehlich war schon im Altertum, wer sich damit den Körper ölte; so ein Bad war Luxus. Ägypter, Griechen, Römer, alle waren scharf auf den Speik, auf das in seinen Wurzeln enthaltene Baldrianöl. Der botanische Name ist *Valeriana celtica*, der Name Speik kommt von der alten Bezeichnung »Spica celtica«, keltische Ähre. Dem Volksmund reicht »Alpenbaldrian«. Der beruhigt die Nerven, stärkt den Magen und wirkt gegen Fieber.

Ab 1.800 Meter Höhe ist der Speik hier in den Nockbergen zu finden. Aber: Finger weg! Er steht seit 1936 unter Naturschutz. Denn über Jahrhunderte gab es Raubbau. Tonnen von Speik wurden in Venedig und Triest verschifft. Im 15. Jahrhundert bekam die steirische Stadt Judenburg von Kaiser Friedrich III. das alleinige Recht verliehen, in Österreich mit Speik Fernhandel zu betreiben. 1928 stieß der deutsche Seifenerzeuger Walter Rau auf die fast vergessene Heilpflanze. Die milde »Speick-Seife« wurde ein Renner, in der alten Schreibweise mit c. Heute dürfen im Biosphärenpark nur zwei Bauernfamilien Speik ernten, nicht mehr als 25 Kilogramm pro Saison, zwischen 15. August und 8. September. Vorsichtig mit der Hand werden die Wurzeln geteilt, sie sollen ja regenerieren. Aus den getrockneten Pflanzen entsteht dann nahe Stuttgart die Speick-Naturkosmetik.

Beim Matl-Sepp oben in Rottenstein schweift der Blick vom eisernen Speik weit über das Kleinkirchheimer Tal. Ab Hof werden beste Damwild-Produkte verkauft. Wer dann daheim vom Wandern müde Füße hat: Eine Massage mit Speiköl hilft!

Adresse Matl-Sepp, Elisabeth und Anton Schleiner, Rottensteinerweg 36, Rottenstein, 9546 Bad Kleinkirchheim | **Anfahrt** Entweder vom Millstätter See auf der B 98 und B 88 über Radenthein oder von Klagenfurt auf der B 95 und B 88 über Feldkirchen und Himmelberg nach Bad Kleinkirchheim, ein schmaler, kurviger Fahrweg führt ab Rottenstein hinauf zum Matl-Sepp. Oder man wandert etwa eineinhalb Stunden dorthin auf dem Weg 1 vom Römerbad über Zirkitzen und die Buschenschank Streitnighof. | **Tipp** Der 18-Loch-Golfplatz Bad Kleinkirchheim ist der höchstgelegene in Kärnten auf 1.100 Meter Seehöhe mit Panoramablick auf den Ort. Im Winter ziehen hier Langläufer ihre Bahn.

7 St. Kathrein und die Quellen

Die Wurzeln des Ski- und Wanderortes

Es scheint, als wolle sie sich vor dem lebendigen Winter- und Sommertourismus verstecken: Die kleine gotische Kirche St. Kathrein am Hang im Westen des Ortes ist hinter den Hotels kaum zu sehen. Sie steht über einer Quelle, ohne die Kleinkirchheim wohl keine Karriere als Urlaubsort gemacht hätte.

Alles begann mit den wunden Füßen des bayerischen Pfalzgrafen Poto. Der traf im Wald des einsamen Kirchheimer Tals auf eine warme Quelle. Das Wasser tat ihm gut, schließlich war er nach Kämpfen gegen Heinrich III. verwundet und auf der Flucht. Das geschah im 11. Jahrhundert. Viel später umbauten Siedler die heilende Quelle. Das Kloster Millstatt, von Poto gegründet, ließ darüber um 1493 die heutige kleine Kirche errichten. Sie wurde der heiligen Katharina geweiht und rasch ein Ziel von Genesung Suchenden. Natürlich blieben Berichte von wundersamen Heilungen nicht aus. So soll beispielsweise das Wasser Bäuerinnen geholfen haben, deren Augen durch die Rauchküchen geschädigt waren. Das erste Badehaus wird 1670 erwähnt. Wenn gebadet wurde, las der Pfarrer in der Kirche die Messe zur Unterstützung der Heilung. Nahe der Kirche wurde eine zweite Quelle gefunden und ab 1762 für ein Badehaus mit zehn Kabinen genutzt. 1908 hat Hans Ronacher es erworben und schrittweise erweitert – der Startschuss für den modernen Badetourismus. Heute speisen die Thermalquellen nicht nur die Kurhotels »Ronacher« und »Pulverer«, sondern auch die öffentlichen Bäder Kathreintherme und Römerbad.

Die tonnengewölbte Krypta mit den rohen Steinmauern unter der Kathreinkirche gibt sich mystisch. Das radon- und radiumhaltige Wasser fließt mit 36 Grad aus der Mauer, aus einem runden Wasserbecken erhebt sich ein schlankes Metallkreuz. In einer Nische flackern Kerzen neben einer Pietà. Der Raum ist 1993 neu gestaltet worden und dient nun auch als Taufkapelle.

Adresse Filialkirche St. Kathrein (St. Katharina im Bade), St.-Kathrein-Weg, 9546 Bad Kleinkirchheim | **Anfahrt** entweder vom Millstätter See auf der B 98 und B 88 über Radenthein oder von Klagenfurt auf der B 95 und B 88 über Feldkirchen und Himmelberg nach Bad Kleinkirchheim, im Ort bei der Kathreintherme in den Bacherweg biegen, rechts weiter den Badweg zum Hotel »Ronacher«, am Hang hinter dem Hotel steht die Kirche | **Öffnungszeiten** Die Krypta mit der Quelle ist immer zugänglich, die Kirche oben meist versperrt, Blick ins Innere durch ein Fenster im Vorraum möglich | **Tipp** Von St. Kathrein führt ein schöner Kulturwanderweg vorbei an uralten bäuerlichen Gebäuden zum Ort St. Oswald mit dem Handwerksmuseum »Alte Schmiede« (Wanderweg NAT 18).

8 Die Leonhardikirche

Im Zeichen des Kettenheiligen

Leonhard ist ein viel beschäftigter Heiliger. Als Schutzpatron kümmert er sich um Gefangene und Bergleute genauso wie um die Kühe und Pferde der Bauern. Meist ist der in Kärnten viel Verehrte mit einer Kette dargestellt. Aber es gibt nur diese eine Kirche, die ihm, dem Ketten- oder Eisenheiligen, geweiht und von einer Kette umspannt ist.

Eisen schützt; dieser Glaube hatte sich aus heidnischen Zeiten auch in der ehemaligen Bergbauregion Bad St. Leonhard erhalten. Historischen Aufzeichnungen nach schwor im 15. Jahrhundert ein von den Türken gefangener Bauer, für den Fall seiner Befreiung eine Kette machen zu lassen, welche die Kirche zweimal umspannen sollte. Der Bauer entkam und löste sein Gelübde ein. Diese Kette wurde 1785 unter dem Reformkaiser Joseph II. als »Dokument des Aberglaubens« eingeschmolzen, jedoch 1912 eine neue angefertigt. Diese umspannt die Kirche bis heute, zumindest einmal. Aus Eisen sind auch jene außergewöhnlichen Votivfiguren von Tieren und Menschen, die Pilger zum Zweck der Heilung oder des Abhaltens von Übel hierherbrachten.

Der heilige Leonhard hat in der Kirche mehrfach alles unter Kontrolle. Er steht als Figur am Hochaltar genauso wie am Leonhardi-Altar an der nördlichen Chorseite und dem Anna-Altar im Nordschiff. Und natürlich kommen auch die außergewöhnlichen Glasfenster nicht ohne Leonhard-Darstellung aus. 139 Glasgemälde, entstanden zwischen 1340 und 1410 vermutlich in einer Werkstatt in Judenburg, sind hier im Chor und im Langhaus vereint, die aufsehenerregendsten gotischen Glasmalereien Kärntens. Doch auch der heilige Leonhard konnte nicht verhindern, dass einige nicht mehr in seiner Kirche zu finden sind. So wurden etwa 1929 zwölf Scheiben zur Finanzierung einer Turmrestaurierung verkauft und gelangten über eine Auktion in das Metropolitan Museum in New York, wo sie in der Außenstelle »The Cloisters« zu sehen sind.

Adresse Kirche St. Leonhard, Erzbergstraße 82, 9462 Bad St. Leonhard im Lavanttal | **Anfahrt** A 2 Abfahrt Bad St. Leonhard, auf der B 78 bis in den Ort fahren, schon vor dem Ortszentrum zweigt rechts die Erzbergstraße zu der gut sichtbaren Kirche ab | **Öffnungszeiten** Besichtigung der Kirche mit oder ohne Führung nach Voranmeldung im Pfarramt, Tel. 04350/2259 | **Tipp** Am Hauptplatz von Bad St. Leonhard bietet Spitzenkoch Josef Trippolt in seinem mit Gault-Millau-Hauben gekrönten Restaurant »Trippolt Zum Bären« jede Menge kulinarischer Freuden (www.zumbaeren.at).

9 Der Sauerbrunn

Ein ganz besonderes Heilwasser

Als »mit trefflichen arzneiischen Kräften begabten Sauerbrunn« hat 1538 der große Arzt Paracelsus die Mineralquelle von Preblau gelobt. Andere Mediziner späterer Jahrhunderte bestätigten derlei Einschätzung. Das Quellwasser dringt in einem idyllischen Waldstück eines Ausläufers der Saualpe in etwa 800 Meter Höhe aus dem Boden. Schon die Kelten und Römer kannten die Quelle, was Münzfunde beweisen. Belegt ist auch, dass im Jahr 1233 das Wasser in Tonkrügen, versiegelt mit Schweinsblasen, ins Bistum Bamberg gebracht wurde, zu dem die Gegend damals gehörte.

Das Preblauer gilt bis heute nicht einfach als Mineralwasser mit durchaus charakteristischem, säuerlichem Geschmack, sondern als Heilwasser, reich an Mineralstoffen und natürlicher Kohlensäure. Konkret sprudelt es aus drei Quellen. Die wichtigste ist die Paracelsus-Quelle mit 5,7 Litern pro Sekunde. Das Wasser ist laut modernen Erkenntnissen hilfreich gegen Übersäuerung, bei Magen-, Darm- und Nierenproblemen; sogar bei Diabetes Typ II wird eine Trinkkur empfohlen.

Die erste chemische Analyse verfasste 1777 Heinrich Johann von Crantz, ein Schüler Gerard van Swietens, des Leibarztes Kaiserin Maria Theresias. Weshalb das Preblauer Wasser bald auch am Kaiserhof in Wien geschätzt wurde. Der rasche Aufstieg des Sauerbrunns begann nach einem Besitzerwechsel im 19. Jahrhundert. 1894 gelangten nach dem Bau eines neuen Brunnenhauses bereits eine Million Flaschen pro Jahr in viele Teile der Habsburgermonarchie. Bald erfreute sich die »Kur- und Wasserheilanstalt Bad Preblau« größter Beliebtheit, bis zum Ende der Monarchie. Dann ging es erst nach dem Zweiten Weltkrieg mit der Nutzung des Preblauer Wassers wieder markant bergauf. Heute arbeitet die Abfüllung (hauptsächlich in Mehrwegglasflaschen) auf Hochtouren, aber etliche der Gebäude aus dem 19. Jahrhundert, welche die Paracelsus-Quelle umgeben, warten auf Restaurierung.

Adresse Preblauer Heil- und Mineralwasser, Prebl 73, 9461 Prebl – Bad St. Leonhard, https://preblauer.at | **Anfahrt** Wo die Autobahnabfahrt der A 2 Bad St. Leonhard in die B 78 mündet, führt genau gegenüber eine Gemeindestraße nach Prebl. | **Öffnungszeiten** Die Anlage ist immer, aber nur von außen zu besichtigen | **Tipp** Bad St. Leonhard verfügt auch über eine Schwefelquelle, in deren Wasser man in einem Hallen- und Freibad eintauchen kann. Das zugehörige Gesundheitsresort ist auf die Behandlung von Erkrankungen des Stütz- und Bewegungsapparats spezialisiert (www.optimamed-badstleonhard.at).

10 Der Freyungsbrunnen

Die große Kiki Kogelnik daheim im kleinen Bleiburg

»Great, great, great, great …«, so lautete das Urteil Andy Warhols über die Kärntner Künstlerin Kiki Kogelnik (1935–1997), eine der wenigen Frauen der österreichischen Kunstszene, die es auch international in die erste Liga geschafft haben. 1961 hatte sie sich in New York in den Freundeskreis von Warhol, Roy Lichtenstein und Claes Oldenburg eingereiht und ihre eigene Pop-Art-Bildsprache entwickelt. Lichtenstein befand über sie: »Erstmals in der Malerei zu sehen: ungeheure Räume aus Schönheit, Romantik, Laster, Zerstörung und Krieg … umwerfend!« Ihre Gemälde, Grafiken, Objekte und die in Murano in der Glasmanufaktur Berengo nach ihren Entwürfen entstandenen Köpfe, die »Venetian Heads«, sind in der ganzen Welt gefragt.

In Bleiburg ist Kogelnik aufgewachsen und hierher trotz langer Aufenthalte in Wien, Paris, London und New York immer wieder zurückgekehrt, ab den 1980er Jahren auch in ein eigenes Atelier. Am Hauptplatz steht ihr Elternhaus, ein kleines, einstöckiges Gebäude. Gegenüber speit ein riesiger, mit Flügeln versehener Stierkopf aus Bronze Wasser in ein Marmorbecken. Der geflügelte Stier, Symbol des Evangelisten Lukas, ist das Wappentier Bleiburgs. 1993 hat Kiki Kogelnik als eines ihrer letzten Hauptwerke den Brunnen gestaltet und der Gemeinde anlässlich des 600-Jahr-Jubiläums des »Bleiburger Wiesenmarktes« gewidmet.

Zu Beginn dieses größten und ältesten Volksfestes Unterkärntens (immer Ende August/Anfang September) wird jedes Jahr bei diesem Brunnen die »Freyung«, das Symbol eines freien Marktes, aufgestellt: eine lange, geschmückte Stange, an der die Wappen von Bleiburg und Kärnten sowie ein Arm mit einem Schwert befestigt sind. Vor ihrem Elternhaus hatte Kogelnik ursprünglich den Gehsteig gestaltet. Nun sind dort am Boden kreisförmige Intarsienarbeiten des Künstlers Franz Brandl eingefügt, die an Kiki Kogelnik erinnern sollen.

Adresse Brunnen, 10. Oktober Platz, 9150 Bleiburg; Kiki Kogelniks Elternhaus, 10. Oktober Platz 10 | Anfahrt A 2 bei der Abfahrt Griffen verlassen und der Beschilderung Richtung Süden nach Bleiburg folgen | Tipp Im »Brauhaus Breznik« stärken sich Gäste nicht nur mit dem beliebten hauseigenen Bier, sondern auch mit Kärntner Küche. Übernachtet werden kann im angeschlossenen kleinen Hotel (http://breznik.9150.at).

11 Das Werner-Berg-Museum

Bauernleben in starken Farben und Formen

Weitab vom Zentrum des Landes, nur etwa vier Kilometer entfernt von der Grenze zu Slowenien, liegt Bleiburg (slowenisch Pliberk), eine kleine, zweisprachige Stadt mit erstaunlicher kultureller Ambition. Was sich in vielerlei Veranstaltungen zeigt, aber vor allem auch in der Bedeutung, die der Ort seinem Museum gibt. Es ist dem Maler Werner Berg gewidmet. 1968 stellte die Stadt dafür ein Haus am Hauptplatz zur Verfügung. Der Künstler vermachte testamentarisch alle dort ausgestellten Werke als Stiftung der Öffentlichkeit.

Geboren 1904 im deutschen Elberfeld (heute ein Stadtteil von Wuppertal), studierte Werner Berg Malerei in Wien und München. 1930 erwarb er mit seiner Frau den Rutarhof, einen Bergbauernhof oberhalb der Gemeinde Gallizien, wo er bis zu seinem Tod 1981 wohnte. Er wollte als Bauer leben und seine Malerei von akademischen Zwängen befreien. So konzentrierte er wie kein anderer die ihn umgebende bäuerliche Realität zu ausdrucksstarken Bildern in einer ganz eigenen Art expressionistischer Kraft mit formal reduzierten Landschaften und Menschen. Die Klarheit seiner Figuren bleibt nicht an der Oberfläche, sie scheint die Dargestellten zu durchdringen, in Ölbildern und Holzschnitten gleichermaßen.

Die Mühen des künstlerischen und des praktischen Lebens im Zweiten Weltkrieg setzten Werner Berg auf vielfältige Weise unter Druck. Danach prägten Konflikte in der Familie, zerbrochene Freundschaften mit anderen Künstlern und eine gescheiterte Liebesbeziehung mit der Kärntner Dichterin Christine Lavant viele seiner Lebensjahre. Berg fand aber immer aufs Neue aus Krisen heraus zu neuen Phasen intensiven Schaffens. Seit den 1950er Jahren erhalten seine Arbeiten Anerkennung in nationalen und internationalen Ausstellungen. Ein für das Verständnis der Arbeiten Bergs unersetzbarer, lebendiger Nukleus bleibt jedoch das Bleiburger Museum.

Adresse Werner-Berg-Museum, 10. Oktober Platz 4, 9150 Bleiburg, www.wernerberg.museum | Anfahrt A 2 Abfahrt Griffen, der Beschilderung nach Bleiburg folgen | Öffnungszeiten 1. Mai–31. Okt. Di–So 10–18 Uhr, Mo geschlossen | Tipp Der Arzt Harald Scheicher, Kurator des Werner-Berg-Museums und Nachlassverwalter, kam durch seinen Großvater Werner Berg selbst zur Malerei. Südkärntner Landschaften malt er direkt in der Natur. In einem restaurierten riesigen Stadel in Völkermarkt stellt Scheicher seine Werke aus (www.scheicher.cc).

12 Die Kasnudl-Hochburg

Da rinnt das Wasser im Mund zusammen!

Man nehme: glattes Mehl, Salz, Öl, Wasser für den Teig, Kartoffeln, Topfen, Salz, Butter, Zwiebeln, Knoblauch, Minze und Kerbelkraut für die Fülle. Aus dem Nudelteig Kreise stechen, Fülle daraufgeben, zusammenklappen, in Salzwasser kochen, mit Butterschmalz servieren. So lautet die Kurzfassung, wie Kärntner Kasnudln entstehen; jedenfalls im Gasthof Grünwald, wo Ingeborg Daberer eine viel gelobte Meisterin im Anfertigen von Kärntens kulinarischem Wahrzeichen ist.

Die Speise hat eine lange Tradition. Schon im Mittelalter werden »Käskrapfen« erwähnt. Paolo Santonino, Privatsekretär des Patriarchen von Aquileia, bereiste 1485 unter anderem das Gail- und Drautal und beschrieb in seinem Reisetagebuch die von »fleißigen Frauen gefertigten Teigwerke mit schmackhaftem Inhalt«. Was als Beschreibung der Kasnudln interpretiert wird. Auch ein Dokument im Kärntner Landesarchiv aus dem Jahr 1753 weist darauf hin, dass Oberkärnten die Heimat dieser Teigtaschen ist. So wurde in Oberdrauburg der Kärntnernudelverein gegründet, der stets im August ein Kärntnernudelfest veranstaltet.

In den Gailtaler Gasthof Grünwald locken Kasnudln das ganze Jahr und ein Nudl Kudl Mudl (ein Nudel-Durcheinander) von September bis November. Da kocht Ingeborg Daberer besonders viele Varianten, von Rucola-Parmesannudl über Kürbis-Almkäsnudl bis zur Linsen-Specknudl. Süße Varianten wie Kletzennudl (Kletzen sind gedörrte Birnen) oder Grantnnudl (Grantn sind Preiselbeeren) dürfen nicht fehlen. Ingeborgs Schwester Gudrun kümmert sich darum, dass jeder Gast seine Lieblingsnudel bekommt. Quer durch Kärnten variieren die klassischen Kasnudl-Rezepte ein wenig. Jedenfalls müssen die wirklichen Könner der Küche die Nudeln krendeln, also die Ränder nicht einfach glatt zusammendrücken, sondern so, dass sie wie geflochten aussehen. Der Volksmund sagt: Eine Kärntnerin, die nicht krendeln kann, kriegt keinen Mann.

Adresse Gasthof Grünwald, Ingeborg und Gudrun Daberer, St. Daniel 17, 9635 Dellach im Gailtal, www.gruenwald.dellach.at | Anfahrt A 2 Abfahrt Hermagor, auf der B 111 (Gailtaler Bundesstraße) über Hermagor bis St. Daniel fahren | Öffnungszeiten Mi–Mo 8–23 Uhr, Küche 11.30–21 Uhr, Di Ruhetag | Tipp Im Bauernladen »St. Danieler G'schäft« (St. Daniel 53) werden viele Bioprodukte angeboten, die von Bauern der Gegend erzeugt werden, auch Spezialitäten wie im Sommer der Almschotten, ein geräucherter Käse aus Molke.

13 Die Wehrkirchen

Als die Türken Kärnten stürmten

Wenn im Tal der dicke graue Herbstnebel liegt, dann heißt es: nichts wie hinauf auf die Saualpe nach Diex! Dort scheint auf 1.159 Meter bestimmt die Sonne. Das tut sie dort auch sonst im Jahr besonders oft. Doch für derlei Schönheit hatten im 15. Jahrhundert die Türken sicher kein Auge. Zwischen 1473 und 1483 fielen die mörderischen Reiterscharen fünfmal in Kärnten ein, raubten, zerstörten und verbreiteten Angst und Schrecken. Ebenso taten dies ungarische Truppen, die 1480 Kärnten besetzten. Die bäuerliche Bevölkerung floh auf die Berge und zu Kirchen, die nach der ersten türkischen Angriffswelle binnen kurzer Zeit mit Mauern und Wehrgängen zum Schutz und zur Verteidigung versehen worden waren.

In Diex strahlt die Sonne auf eine der besterhaltenen dieser Wehranlagen. Eine fünf Meter hohe Mauer mit unregelmäßig sechseckigem Grundriss samt Schießscharten und zwei Rundtürmen im Osten und Westen fasst die Martinskirche und den Friedhof ein. Innen zieht sich ein hölzerner Wehrgang die Mauer entlang. Er ist wie die Kirche gedeckt mit Steinplatten, um den Brandpfeilen der Angreifer zu widerstehen. In der Nordostecke befindet sich ein Torbau mit Resten einer Zugbrücke. Die beiden Türme der spätgotischen, später barockisierten Kirche ragen markant empor. Ob die Wehranlage je tatsächlich einem Türkensturm standhalten musste, ist nicht belegt.

In Grafenbach, das etwa vier Kilometer entfernt liegt und zur Gemeinde Diex gehört, ist noch eine zweite interessante Wehranlage zu sehen. Rund um die gotische Kirche St. Magdalena ist die drei Meter hohe Mauer mit der hölzernen Konstruktion des Wehrgangs und dem Torturm noch vollständig erhalten. Sie wurde ab 1487 errichtet. Der Weg von Grafenbach fünf Kilometer bergab nach Greutschach zahlt sich ebenfalls aus. Die Kirche St. Martin und ihr Karner sind von einer vier Meter hohen Wehrmauer mit unregelmäßig siebeneckigem Grundriss umgeben.

Adresse Kirche St. Martin, Diex 96, 9103 Diex; Kirche St. Magdalena, Grafenbach 1, 9103 Diex; Kirche St. Martin, Greutschach 16, 9112 Griffen | Anfahrt A2 Autobahnabfahrt Völkermarkt-West oder -Ost, auf der B70 nach Völkermarkt fahren und bei der beschilderten Abzweigung Richtung Diex abbiegen, der L113 (Diexer Landesstraße) folgen | Tipp Diex ist ein idealer Ausgangspunkt für angenehme Wanderungen auf dem Gebirgszug Saualpe mit dem Speikkogel (1.901 Meter) und dem höchsten Gipfel, dem Ladinger Spitz (2.079 Meter). Die Wanderkarte der Gemeinde Diex zeigt die vielen Möglichkeiten.

14 Das Hochmoor

Einzigartiges Ambiente zwischen den Bergen

Nicht wundern! Eine Stadt im Iran und das Kärntner Bergdorf hängen zusammen. Das hat nichts damit zu tun, dass St. Lorenzen auf knapp 1.500 Meter Seehöhe mit der Pfarrkirche St. Laurentius und der Filialkirche St. Anna die höchstgelegene Pfarre Kärntens ist. Aber es hat alles zu tun mit dem Hochmoor, das sich gleich hinter dem kleinen Dorf bis zu einem Talschluss in den Gurktaler Alpen ausbreitet. Etwa elf Hektar umfasst dieses Feuchtgebiet, das von Bergkiefern, den Latschen, bewachsen ist. Hier treffen wir auf eine iranische Stadt: Das Moor ist ein Ramsar-Gebiet. 1971 wurde in der Stadt Ramsar am Kaspischen Meer (Nordiran) das wichtigste internationale Abkommen zum Schutz von Feuchtgebieten unterzeichnet, die Ramsar-Konvention. 1983 ist Österreich dieser beigetreten.

Das Hochmoor von St. Lorenzen ist ein Hotspot der Artenvielfalt. Auf Wanderungen in dieser ruhigen, idyllischen Gegend sind Sauergräser zu sehen, daneben Moorbirken, Lärchen und Zirben. Der Autertalbach zieht seine Mäander. Bis 1968 wurde für Stallstreu Torf gestochen. Aus dieser Zeit stammen einige Gräben. Sie haben inzwischen kleine Holzdämme bekommen, um die Entwässerung zu minimieren. Hier begegnet einem die Große Moosjungfer, eine seltene Libellenart. Oder der Hochmoor-Perlmutterfalter, der in Kärnten nur hier vorkommt. Wenn es dämmrig wird, erwachen die Fledermäuse, neun verschiedene Arten flattern umher, vom Großen Mausohr bis zur Zwergfledermaus; alle stehen unter Naturschutz. Vom Aussterben bedroht ist die Feuchtwiesen-Prachtnelke, der Rundblatt-Sonnentau wartet darauf, kleine Insekten zu fangen. Auch das rote Sumpf-Blutauge, der blaue Frühlingsenzian oder die weiße Kuhschelle sind hier heimisch.

In Kärnten gibt es vier weitere Ramsar-Gebiete: das Sablatnik-Moor beim Klopeinersee, das Hörfeldmoor im Görtschitztal, die Moor- und Seenlandschaft Keutschach-Schiefling und die obere Drau.

Adresse Hochmoor St. Lorenzen, 9565 Ebene Reichenau | **Anfahrt** von Klagenfurt auf der B 95 über Feldkirchen, Himmelberg und Patergassen nach Ebene Reichenau fahren, dort auf die L 65 Richtung Hochrindl und nach einigen Kilometern links nach St. Lorenzen abbiegen. Das Auto bei der Kirche parken. Ein Wanderweg zum Moor beginnt dort beim Orientierungsschild, ein anderer in der scharfen Kurve unterhalb des Gasthofs Pertlwirt. | **Tipp** Hungrige Wanderer laben sich mit Hausmannskost im Gasthaus Lax in Ebene Reichenau (https://gasthaus-lax.business.site).

15 Hochfeistritz

Ein gotisches Juwel oben am Berg

»Unta da Lindn bin i gsessn, unta da Lindn sitz i gern …« Wenn Gäste unter der alten Linde beim Gasthof Leutgam sitzen, da kann es schon passieren, dass einer die Ziehharmonika holt und dieses Kärntner Volkslied spielt. Denn es sitzt sich hier tatsächlich sehr angenehm in Hochfeistritz auf knapp 1.000 Meter Seehöhe gleich neben einer der schönsten spätgotischen Kirchen Kärntens. Auch das Gstanzl-Singen hat hier Tradition. Mit Leidenschaft werden jedes Jahr im Rahmen eines großen Festes diese lustigen, oft spontan im Stegreif gedichteten Vierzeiler vorgetragen.

Das Gasthaus neben dem Torturm ist ein Teil der Wehrmauer der Wallfahrtskirche Unserer Lieben Frau. Der heutige Kirchenbau stammt aus der zweiten Hälfte des 15. Jahrhunderts, umgeben von einer Wehranlage zum Schutz vor den Türken. Gleich mehrere Besonderheiten fallen ins Auge: Am hohen Westturm reicht ein aufwendig gestaltetes gotisches Portal bis ins dritte Turmgeschoß hinauf, mit 13 Figuren-Tabernakeln, in denen aber nicht wie üblich Plastiken stehen, sondern Figuren gemalt sind – eine Kärntner Besonderheit. Eindrucksvoll ist auch der für so eine Bergkirche besonders hoch aufragende Innenraum mit den eleganten Bündelpfeilern und dem Sternrippengewölbe. Gotische Topqualität! Der Bau geht auf einen Meister Mathes aus der Veistritz und einen Parlier (Polier) namens Jörg zurück. Mathes war nicht irgendwer, er ist auch für den Bau der kleinen Wallfahrtskirche auf dem Magdalensberg bei Klagenfurt nachgewiesen. Vor allem wird er in der Steinmetzbruderschaft von Maria Saal genannt, als »treuer Diener« während der Errichtung des Doms.

Ob er hier ein führender Kopf war? Dazu gibt es keinen konkreten Hinweis. Die 1464 gegründete Bruderschaft war der Wiener Dombauhütte von St. Stephan verbunden, was auch eine Erklärung für den hohen künstlerischen Wert der Kirche von Hochfeistritz sein kann.

Adresse Hochfeistritz, 9372 Eberstein | Anfahrt von Klagenfurt die B 92 das Görtschitztal entlang über Brückl Richtung Eberstein fahren, vor dem Ort rechts hinauf nach Hochfeistritz abbiegen | Öffnungszeiten Den Schlüssel zur Kirche bekommt man im Gasthof Leutgam (auch Leikam genannt) der Familie Grabuschnig. | Tipp Wer die B 92 weiter in Richtung Hüttenberg fährt, kann dort am Berg eine weitere spätgotische Wallfahrtskirche besuchen: Maria Waitschach ist als Hallenkirche stilistisch verwandt mit Hochfeistritz.

16 Der Zitrusgarten

Wenn gar nicht Saures süchtig macht

Die kleinste Zitrusfrucht heißt *Fortunella hindsii*, stammt aus China und hat Früchte von kaum zwei Zentimetern Größe. Die größte ist *Citrus medica* ›Maxima‹, in Italien »Cedro« genannt. Die Frucht kann drei Kilogramm schwer werden. Insgesamt mehr als 280 Sorten wachsen in Michael Cerons Zitrusgarten. Eine seiner persönlichen Favoriten ist die rosa Grapefruit, *Citrus paradisi* ›Ruby Red‹. Auch viele andere außergewöhnliche Exemplare stellt er Besuchern vor: die längliche Fingerlimette, *Microcitrus australasica*, oder eine israelische Zitronatzitrone »Etrog«, die in der jüdischen Religion beim Laubhüttenfest verwendet wird. In mehr als 20 Jahren hat Ceron seltene Zitrusbäume aus der ganzen Welt zusammengetragen. Stolz weist er auch auf beste Kontakte zur Toskana hin, über die er alte Sorten bekommt, die schon die Medici im 16. Jahrhundert besaßen.

Die Gärtnerei Ceron war in den 1960er Jahren noch anders orientiert. Der Vater belieferte Hoteliers mit Pelargonien für Blumenkästen. Die arbeitsintensiv gezogenen Pflanzen kamen zu Saisonende auf den Kompost. Was Sohn Michael wenig erfreute. Er entwickelte andere Ideen, lernte zunächst mit wirtschaftlichen Flops umzugehen und entdeckte seine Liebe zu den Zitronen. Inzwischen wird er als Züchter von vielen Sammlern geschätzt, er pflegt seinen 4.000 Quadratmeter großen mediterranen Garten samt riesigem Gewächshaus und hält das ganze Jahr über gut besuchte Vorträge. Seit 2017 ist Ceron nach jahrelanger Mühsal mit der Bürokratie als Bio-Zitronengärtner zertifiziert, als einziger in Österreich. Namhafte Köche schätzen die vielfältigen Aromen der Biofrüchte, die eben nicht einfach sauer sind! Meister der Kulinarik verschiedener Genres lassen ungeahnte Geschmackskombinationen entstehen. Einige finden sich im Shop des Zitrusgartens, von Salzzitronen der Sorte *Fiorentina* bis zum Störfilet gewürzt mit der Zitronatzitrone »Buddhas Hand«.

Adresse Der Biozitrusgarten. Botanisches Zentrum für Zitrusgewächse, Blumenweg 3, 9583 Faak am See, www.zitrusgarten.at | Anfahrt A 2 Abfahrt Villach-Faaker See, auf die B 84 Richtung Faak fahren, in Drobolach nach rechts abbiegen, der Seeufer-Landesstraße und der Beschilderung zum Zitrusgarten folgen | Öffnungszeiten ganzjährig Mo–Fr 10–18 Uhr, Sa 10–16 Uhr, Feiertage 13–17 Uhr, So geschlossen | Tipp Wer die mediterranen Impressionen kulinarisch fortsetzen möchte, hat dazu Gelegenheit in dem edlen sardischen Restaurant Terra Sarda im nahen Ort Unteraichwald (www.terra-sarda.at).

17 Die Narzissenwiese

Duftende Schönheiten im Bärental

Weiße Sterne, so weit das Auge reicht! Im Mai haben die Sternnarzissen (*Narcissus radiiflorus*, eine Unterart der Dichter-Narzisse *Narcissus poeticus*) ihren großen Auftritt. Eine Wiese auf etwa 1.200 Meter Seehöhe wird zum optischen Ereignis, voller Blüten, die benannt sind nach Narkissos, dem schönen Knaben der griechischen Mythologie. Der Dichter Ovid beschreibt, wie dieser an einer Quelle in Liebe zu seinem eigenen Spiegelbild entbrennt, sich in seiner Selbstverliebtheit ins Wasser stürzt und stirbt. An seiner Stelle erblüht eine Narzisse. Realistischeren Überlieferungen zufolge stammt der Name vom griechischen Wort »narkao«, ich betäube. Denn die Narzisse duftet nicht nur, sie ist auch giftig. So ist sie ein Symbol für Eigenliebe, Überwindung des Todes, aber einfach auch für den Frühling.

Zu Tausenden blühen die weißen Schönheiten auf der Narzissenwiese. Wer in dem kleinen Bärental zwischen Drau und Karawanken bis zum Parkplatz bei der Stouhütte (960 Meter Seehöhe) fährt, kann zwischen zwei Wegen wählen: dem etwas längeren, weniger steilen Forstweg oder dem direkten, aber steiler nach oben zur Narzissenwiese führenden Wanderweg mit der Markierung 672/603A. Jede Art des Aufstiegs wird belohnt mit prächtigen Landschaftseindrücken. Auf gelben Tafeln entlang der Wege steht: Bärengebiet! Immer wieder kommen seit jeher Bären über die nahe slowenische Grenze und werden hier heimisch. Daher hat das Bärental seinen Namen. Aber keine Sorge! Begegnungen sind selten. Doch die Wanderer werden ersucht, den Bären wie den anderen Wildtieren die nötige Ruhe zu lassen und nur auf den Wegen zu gehen. Oben auf der Narzissenwiese spannt sich ein herrliches Panorama auf, der Hochstuhl und andere Gipfel der Karawanken-Bergkette rücken heran. Und wenn leichter Wind die Narzissen in der Sonne sanft bewegt, fügt sich alles zu einer faszinierenden Szenerie zusammen.

Adresse Narzissenwiese, Bärentalstraße, 9181 Feistritz im Rosental | **Anfahrt** von Klagenfurt B 91 Richtung Süden, nach der Draubrücke beim Kreisverkehr auf der B 85 nach Feistritz im Rosental, dort links ins Bärental abzweigen, bis zur Stouhütte | **Tipp** Wer Lust auf ausgiebige Wanderungen hat, findet im Bärental viele interessante Möglichkeiten: zu Bärensattel und Weinasch, weiter auf den Hochstuhl (2.236 Meter) oder zur Klagenfurter Hütte, auf den Kosiak (2.024 Meter) oder die Vertatscha (2.181 Meter) – je nach Kondition.

18 Schloss Ebenau

Reizvolles Ambiente für eine lebendige Kunstoase

Gleich zwei gute Geister hat dieses verträumte Schloss zu bieten: Judith Walker ist hier seit 1996 als Galeristin aktiv; inzwischen hat ihre Tochter Carolin das kulturelle Engagement mit übernommen. In dem reizvollen Ambiente werden höchst interessante Ausstellungen mit Werken zeitgenössischer Künstlerinnen und Künstler gezeigt, und es ist ein Ort gelungener Dialoge zwischen Kunstschaffenden und interessierten Besuchern sowie Kunstsammlern. Durch die Wirkung ganz unterschiedlicher Kreativität bekommt die Historie des Schlosses neue Facetten.

Erst nur eine bäuerliche Hube, später Adelssitz, Meierei, Sommersitz von Äbten: Ebenau hat als Anwesen abwechslungsreiche Zeiten hinter sich. Im späten 16. Jahrhundert wurde das Renaissanceschloss errichtet, ein zweigeschoßiger Bau mit zwei Ecktürmen an der Westfassade. In der zweiten Hälfte des 19. Jahrhunderts bekam diese Fassade im Zuge einer Umgestaltung zwei kleine Erker an den Ecktürmen und einen Mittelbalkon über dem Eingang angesetzt. Die Balkongitter und die Gesimse spiegeln den sezessionistischen Stil um 1900 wider. Im Inneren haben etliche Räume – auch das kleine Café – schöne Gewölbe, was mit den modernen Kunstwerken in ebenso spannende Kontraste tritt wie ein alter Kachelofen. Dem obersten Geschoß verleiht eine mächtige Holzbalkendecke des 16. Jahrhunderts zusätzliche Stimmung. Eine besondere Attraktion stellt die Sammlung jener phantasievollen bunten Glasköpfe dar, die auf Anregung von Judith Walker in Zusammenarbeit der international renommierten Pop-Art-Künstlerin Kiki Kogelnik mit der Manufaktur Berengo in Murano entstanden sind.

Der malerische Park rund um das Schloss ist von einer Mauer umgeben und gibt nicht nur schönen alten Bäumen Raum, sondern auch zahlreichen Skulpturen. Selbst die hölzerne Gartenhütte ist zum Kunstwerk geworden. Sie ist nicht nur bei Vernissagen ein idealer Begegnungsraum.

Adresse Schloss Ebenau – Galerie Walker, Weizelsdorf 1, 9162 Feistritz im Rosental, www.galerie-walker.at | Anfahrt von Klagenfurt auf der B 91 Richtung Süden, gleich nach der Brücke über die Drau beim Kreisverkehr nach rechts auf der B 85 in Richtung Feistritz fahren, in Weizelsdorf der Beschilderung Schloss Ebenau folgen | Tipp In Klagenfurt gibt es noch eine kleine Zweigstelle der Galerie Walker, dieser »Kunstraum« findet sich in der Richard-Wagner-Straße 34.

19 Die Fischzucht

Eine Teichlandschaft für Forelle & Co.

Mit dem Meeresfisch Lachs hat sie die zartrosa Farbe des Fleisches gemeinsam: die Seeforelle, die »Kärntna Låxn« genannt wird. Sie lebt frei und zufrieden in Kärntner Seen – sofern sie nicht den Fehler macht, in einen Angelhaken zu beißen. Weil sie aber ausgezeichnet schmeckt, war ihr Bestand in den Seen zurückgegangen. So wird sie auch in naturnahen Teichen gezüchtet, um den natürlichen Fischbestand aufzubauen und außerdem die Gaumen der Fischliebhaber zu verwöhnen.

In Feld am See werden Fische seit 1950 gezüchtet. 2001 hat Andreas Hofer den Betrieb gekauft und seither »Kärnten Fisch« zu einer großen Anlage wachsen lassen. Nicht nur Kärntna Låxn, sondern auch Tiger-, Gold- und Regenbogenforellen, Bachforellen und Äschen, See- und Bachsaiblinge sowie Huchen schwimmen in den vielen Teichen. Das Ablaichen der Mutterfische, die Pflege der winzigen Setzlinge, das Aufwachsen der Fische in reinem Quell- und Gebirgswasser – all das geschieht artgerecht. Wenn Forelle & Co. in andere Gewässer übersiedeln sollen, werden sie in speziellen Behältern transportiert. Wer seinen eigenen Teich bestücken will, kann Fische in Plastiksäcken mit einer Sauerstoffblase verpackt auch selbst holen.

Für professionelle Verarbeitung der Flossentiere ist in dem Betrieb ebenso gesorgt. Es wird filetiert, geräuchert, gebeizt, mariniert, eingelegt, also alles so vorbereitet, dass der Fischfreund möglichst wenig Mühe hat, wenn er das im angeschlossenen Geschäft Erworbene daheim servieren will. Im Sommerhalbjahr gibt es auch die Möglichkeit, die Sache sportlich anzugehen: In einem großen Teich darf selbst geangelt werden. Da geben dann die Profis, wenn gewünscht, Tipps. Fortgeschrittene können sich eine Fischerkarte nehmen und im nahen Brennsee oder in dem ein paar Kilometer entfernten Afritzersee die Angel ins Wasser halten und hoffen, dass ein Kärntna Låxn anbeißt.

Adresse Kärnten Fisch, Andreas Hofer, Millstätter Straße 77, 9544 Feld am See, www.kaerntenfisch.at | Anfahrt A 10 Abfahrt Ossiacher See, auf der B 98 Richtung Treffen und Afritz nach Feld am See fahren, die Fischzucht liegt am Ortsende links | Öffnungszeiten 15. Mai–14. Sept. Mo–Fr 8–18 Uhr, Sa 8–17 Uhr, 15. Sept.–14. Mai Mo–Fr 8–17 Uhr, Sa 8–12 Uhr | Tipp Im fünf Kilometer entfernten Ort Radenthein kommen Fans von Käse und anderen Milchprodukten in der bäuerlichen Käsereigenossenschaft Kaslab'n auf ihre Rechnung (www.kaslabn.at).

20 Die Marionetten

Siegfried Wehrles faszinierendes Puppentheater

Unglaublich, aber wahr: Feldkirchen ist Erstaufführungsort eines Haydn-Werkes! Und zwar eines ganz besonderen: der Puppenspieloper »Philémon und Baucis«. Joseph Haydn hat sie zwischen 1773 und 1780 auf Basis der Erzählung des griechischen Dichters Ovid für das Marionettentheater des Fürsten Esterházy in Eisenstadt komponiert. Lange war sie verschollen. Doch 1950 fand sich im Konservatorium von Paris eine Abschrift der Partitur. 1953 folgte die Uraufführung in England. Auf dem europäischen Festland fand die Erstaufführung 1957 hingegen auf der Feldkirchner Marionettenbühne statt.

Siegfried Wehrle hatte sie 1951 gegründet. Seine Vorfahren stammten aus Deutschland, er wurde 1891 in Görz geboren. Nach dem Zweiten Weltkrieg, als er und seine Frau in Feldkirchen Fuß gefasst hatten, begann er seine Liebe zum Puppentheater zu pflegen. Er entwarf die Figuren, schnitzte ihre Gliedmaßen und setzte sie zusammen; die Kleider nähte seine Frau. Bei der Marionettenbühne wirkten ausschließlich Feldkirchner mit. Von 1951 bis 1962 entstanden acht Stücke, etwa »Der Schmied von Tiffen« mit volkstümlichen Szenen aus der Türkenzeit, und »Der Gevatter Tod«, frei nach dem Grimm'schen Märchen. Gespielt wurde mit großem Erfolg in verschiedenen Sälen der Stadt. Die Bühne machte sich auch außerhalb Kärntens einen Namen, etwa 1959 durch die »Philémon und Baucis«-Aufführungen in Eisenstadt und Umgebung. 1967 starb Siegfried Wehrle. Sein Sohn hat die fast 100 Marionetten samt allen Kulissen, Partituren und Texten der Stadt Feldkirchen geschenkt. In der alten Volksschule ist ein Teil davon – auch Schlüsselszenen von »Philémon und Baucis« – zu sehen. Eine provisorische Aufstellung, erläutert Hans Neuhold, engagierter Kurator des Historischen Stadtarchivs. Doch die Schau verzaubert den Besucher und lässt hoffen, dass alle Puppen irgendwann zu sehen sein und vielleicht auch zum Leben erweckt werden.

Adresse Alte Volksschule, Schulhausgasse 1, 9560 Feldkirchen | **Anfahrt** von Klagenfurt über die B 95 nach Feldkirchen, die Umfahrung B 94 bis zum Kreisverkehr mit der Gurktal-Abfahrt, dort aber die Ausfahrt Richtung Kirche nehmen, dann rechts in die Gurktalerstraße und gleich links in die Schulhausgasse einbiegen | **Öffnungszeiten** ganzjährig Fr 15–18 Uhr | **Tipp** Im Stadtzentrum birgt der Bamberger Amthof (die Stadt gehörte 600 Jahre lang zur Grundherrschaft des Bistums Bamberg) ein kleines, interessantes Museum, das von Römersteinen bis zu Resten der einst bekannten Destillerie Raunikar vielerlei Artefakte zur Geschichte von Feldkirchen enthält.

21 Das Büchsenmacher-Museum

Reflexionen über Jagd und Gewehr

Nicht erschrecken, wenn einem in Ferlach auf der Straße jemand mit Gewehren in der Hand entgegenkommt! Mit an 100 Prozent grenzender Wahrscheinlichkeit ist es ein Büchsenmacher auf dem Weg zur Prüfung der Waffen beim Beschussamt, das in etwa einem TÜV für Schusswaffen gleicht. Bald 500 Jahre alt ist das Büchsenmacherhandwerk in dieser Stadt in Südkärnten. Wo einst Armeewaffen produziert wurden, werden seit dem 20. Jahrhundert hauptsächlich Jagdwaffen gefertigt. Das Büchsenmacher- und Jagdmuseum zeigt die Holzarbeit der Schäfter, die Kreativität der Graveure bei feinsten Verzierungen von Oberflächen und das Können der eigentlichen Büchsenmacher, welche die Metallteile in die nötige Form bringen. Ausgestellt sind historische und moderne Gewehre.

Das Museum spiegelt aber keine unreflektierte Huldigung von Jagd und Waffen, sondern geht klug auf zugehörige Fragestellungen ein. Sätze wie »Die Jagd hat den Menschen der Natur entfremdet« oder »Die Jagd ist nur als symbolisches Verhalten begreifbar, sie ist keine als natürlich zu bezeichnende Tätigkeit« haben auch ihren Platz, trotz der Tatsache, dass die Jagdkultur tief in der Geschichte der Menschen verwurzelt ist.

Als Kaiser Franz Joseph noch in Bad Ischl zur Jagd ging, benutzte er auch Gewehre aus Ferlach vom Typus »Ischlerstutzen«. Und selbst moderne Potentaten wie der russische Präsident Putin sind im Besitz von Ferlacher Jagdbüchsen. Was einst Prestigeobjekte des Adels waren, sind heute Statussymbole für Jagdfreunde, für die Geld kaum eine Rolle spielt, denn diese Gewehre sind nicht nur von hoher Qualität, sie haben auch ihren Preis. Jedenfalls hat die UNESCO das Ferlacher Büchsenmacherhandwerk quasi geadelt: Es wurde 2010 in die Liste des immateriellen Kulturerbes aufgenommen.

Adresse Büchsenmacher- und Jagdmuseum, Schloss Ferlach, Sponheimer Platz 1, 9170 Ferlach, www.jagdmuseum-ferlach.at | Anfahrt von Klagenfurt auf der B 91 Richtung Süden über die Drau fahren, danach links nach Ferlach abbiegen, der Beschilderung zum Büchsenmachermuseum folgen | Öffnungszeiten 1. Mai–26. Okt. täglich 10–18 Uhr | Tipp Wer von Norden her nach Ferlach fährt, überquert die Drau auf der Hollenburger Brücke (benannt nach der oberhalb befindlichen Burg). Sie ist ein Unikum unter den Kärntner Draubrücken, denn sie führt nicht einfach waagerecht über den zum Ferlacher Stausee aufgestauten Fluss, sondern mit einem deutlichen Gefälle und gleichzeitig in einer großen Kurve. Was spannende optische Effekte – je nach Lichtstimmung – erzeugt.

22 Die Loiblstraße

Ein Karawanken-Übergang mit vielen Geschichten

Was eine Passstraße so alles erzählen kann! Zumal wenn sie die kürzeste Verbindung ist von Kärnten nach Ljubljana, Sloweniens Hauptstadt, und schon für die Römer zwischen Virunum im Norden und Emona im Süden ein wichtiger Weg über die Karawanken war. Etwa 13 Kilometer sind es von Ferlach bis hinauf zur slowenischen Grenze. Gleich hinter Unterloibl liegt der Einstieg in die zwei Kilometer lange Tscheppaschlucht. Entlang der wilden Wasser führen Stege und Brücken zum Tschaukofall. Den hat 1804 der österreichische Erzherzog Johann besucht, besagt die Gedenktafel an einer der Straßenkehren bei Sapotnica. Als im 16. Jahrhundert der Weg auf den Loibl ausgebaut wurde, entstand hier auch die Teufelsbrücke. Sie ist noch erkennbar, wenngleich nun von Stahlbeton eingefasst. 1728 zog Kaiser Karl VI., der Vater Maria Theresias, mit Gefolge über den Pass. Für den Kaiser war der slowenische Dialekt der Einheimischen unverständlich, nur der Wirt eines Gasthofs sprach Deutsch. Weshalb ihn Karl VI. »Deutscher Peter« nannte. So heißt das Gasthaus bis heute. Ganz oben auf der Passhöhe erinnern zwei Obelisken an des Kaisers Besuch. Immer wieder durch Felsstürze zerstört, wurden sie zuletzt 1936 wiederhergestellt.

Wer hier oben auf 1.369 Meter die Aussicht genießt, hat eine gut einstündige Wanderung hinter sich, denn der oberste Teil der alten Loiblstraße darf nicht mehr befahren werde. Er zweigt als Schotterweg von der vorletzten Kehre vor dem jetzigen Grenzübergang ab. Die Autos fahren heute durch den Loibltunnel nach Slowenien. 1943 bis 1945 mussten ihn KZ-Häftlinge unter unmenschlichen Bedingungen bauen. Das Mauthausen-Nebenlager Loibl-Nord stand direkt neben der Tunnelbaustelle, auf der Loibl-Südseite ein weiteres. 1945 bis 1950 war der Tunnel ins kommunistische Jugoslawien verschlossen. In der Folge wurde er erweitert, seit 1964 ist er als Grenzübergang geöffnet.

Adresse Loiblstraße, Teil der B 91 von Ferlach zur Grenze nach Slowenien | Anfahrt von Klagenfurt B 91 Richtung Süden über die Draubrücke auf den Loibl | Öffnungszeiten Tscheppaschlucht Anfang Mai – Ende Okt. 8.30 – 17 Uhr | Tipp Bei der Kapelle von Sapotnica zweigt rechts eine Straße ins Bodental ab. Dort ist vom Parkplatz beim Gasthof Sereinig in einer einstündigen Wanderung die Märchenwiese zu erreichen, ein überaus malerischer Talschluss. Werfen Sie unterwegs einen Blick auf das Meerauge, einen Teich, entstanden aus einem Toteisloch, das in der Eiszeit durch einen Gletscher entstand.

23 Die Nudelfabrik

Spezialitäten für Groß und Klein

Nahe der Grenze zu Italien Nudeln erzeugen – heißt das nicht Eulen nach Athen tragen? Theoretisch ja, praktisch nein, wenn es nämlich ganz besondere Nudeln sind. Das wusste auch der vom Gardasee stammende Giuseppe Gregori, als er 1882 seine Teigwarenerzeugung im damals österreichischen Bozen gründete. Diese Nudelfabrik galt als die älteste in Österreich. Aber dort wurde es bald zu klein. Gregori suchte 1895 einen neuen Standort und fand ihn wieder nahe der italienischen Grenze im Kärntner Finkenstein in einem ehemaligen Hammerwerk mit eigenem kleinen Wasserkraftwerk.

Heute führt in fünfter Generation Katharina Gregori den Betrieb. Sie pflegt alte Familienrezepte und entwickelt gern neue. So findet der Nudel-Fan hier an die 90 verschiedene Sorten, die mit Liebe, nachhaltig, mit modernen Maschinen und viel Engagement der acht Mitarbeiter entstehen, insgesamt 400.000 Kilogramm pro Jahr. Bester österreichischer Hartweizengries, Eier von glücklichen Kärntner Hühnern, bestes Quellwasser, da kann nichts schiefgehen.

Nudeln für Gourmets oder für Babys? Kein Problem! Goldfink-Nudeln mit vier Eiern pro Kilogramm Teig oder Nudeln ohne Ei? Natürlich! Bionudeln aus Dinkelmehl oder die Selektion von Bärlauch-, über Schokonudeln bis zur Tricolore-Variante, bei der die Nudeln mit Tomaten oder Roten Rüben und Spinat gefärbt werden – eigene Favoriten zu finden ist leicht. Formenvielfalt quillt aus der Nudelpresse, simple Spaghetti (handgeschnitten) genauso wie Spirelli oder Rollini, Lasagneblätter, Hörnchen, Fleckerln, Autos, Herzen und vieles mehr. Nostalgiker finden auch, was sie als Kinder in der Suppe liebten: Sternchen oder Buchstaben.

Letztere können – so gewünscht – auch in der zweisprachigen Kärntner Variante erzeugt werden: mit slowenischen Č-, Š- und Ž-Buchstaben. Im Markt-Café lassen sich Hunger und Qual der Wahl beim Einkauf mit Nudelgerichten bekämpfen.

Adresse Finkensteiner Teigwaren, Warmbaderstraße 34, 9585 Finkenstein am Faaker See/ Gödersdorf, www.finkensteiner.at | Anfahrt A 2 Abfahrt Villach Warmbad, auf der B 83 bis zur Abzweigung Warmbad, kurz danach rechts abbiegen in Richtung Müllnern, nach der Brücke über die Gail links in die Siedlung abbiegen, der Beschilderung zur Nudelfabrik folgen | Öffnungszeiten Markt-Café Juli–Aug. Mo–Sa 9–21 Uhr, So und Feiertage geschlossen, Sept.–Ende Juni auch Mo geschlossen | Tipp Der Klettergarten Kanzianiberg ist der älteste und einer der größten Klettergärten Österreichs. Vom Anfänger bis zum Könner findet jeder seine Route (www.kanzianiberg.com).

24 Latschachs Hausberg

Der Zauber des Mittagskogels

Als hätte jemand seine Spitze abgebrochen – an dieser Form ist der Mittagskogel leicht zu erkennen. Mit seinen 2.145 Metern Höhe ist er einer der höchsten Berge der Karawanken an der Grenze zu Slowenien. Wer Bergerfahrung hat und eine schwierige, mehrstündige Tour nicht scheut, der kann ihn erklimmen. Eine der beliebtesten Routen führt von Untergreuth bei Latschach über die Bertahütte hinauf. Kletterkundige können sich für den noch anspruchsvolleren Weg über den Nordostgrat (Schwierigkeitsgrad 2) entscheiden.

Wer den Mittagskogel vom Tal aus genießen will, der lässt zum Beispiel von der hölzernen Bank am Sonnhügel des Ortes Latschach aus den Blick über das Dorf mit der Kirche und der barocken Fassade hinauf zum mächtigen Felsmassiv schweifen.

Moderne Bergsteiger erobern den Gipfel auch wegen der legendären Aussicht. Aber in alten Zeiten – so berichtet eine Sage – lautete der Grund: Gold! Von einem Fremden aus Görz wird erzählt, der mehrmals auf den Berg gegangen und mit Gold beladen wieder heimgekehrt sei. Ein Bauer und ein Pfarrer seien ihm auf die Schliche gekommen, hätten sich von ihm zur Fundstelle führen lassen und so viel Gold ins Tal gebracht, wie sie schleppen hätten können. Die Geschichte endet, wie sie enden muss: Bauer und Pfarrer seien gestorben, ohne zu verraten, wo der Goldschatz zu finden ist. Der Pfarrer habe Latschacher geheißen und von dem Gold die Kirche errichten lassen. Zum Dank trage der Ort nun seinen Namen.

Doch zurück zu den Fakten und der jüngeren Geschichte des Berges. In den 1980er Jahren hat der Kärntner Bau- und Tourismusunternehmer Robert Rogner den Mittagskogel von der Liechtenstein'schen Forstverwaltung gekauft, seiner vom nahen Faaker See stammenden Frau zuliebe. 2013 wurde das 672 Hektar große Areal auf Rogners Initiative als »Natura 2000«-Gebiet unter Schutz gestellt: »Ich will, dass der Berg bleibt, wie er ist.«

Adresse Latschach Sonnhügel, Hügelweg, 9582 Latschach-Finkenstein | Anfahrt A 2 Abfahrt Villach-Faaker See, auf der B 84 Richtung Faak fahren, in Drobolach nach rechts abbiegen (Kohlstattstraße), der Seeufer-Landesstraße folgen bis zum Kreisverkehr mit B 85, 1. Ausfahrt Richtung Finkenstein | Tipp Der Alpenverein Villach (Schanzgasse 3, 9500 Villach, www.alpenverein.at/villach) ist eine sichere Quelle für Informationen zu Bergtouren auf den Mittagskogel und benachbarte interessante Gipfel.

25 Die Toleranzgemeinde

Der Skistar und die Protestanten

Gleich zwei Kaiser sind für Fresach wichtig: Der Skikaiser Franz Klammer legte von 1971 bis 1985 eine glänzende Karriere hin – vom Bergbauernsohn, geboren 1953 in Mooswald (einem Teil von Fresach), schaffte er es zum fünffachen Gewinner des Abfahrtsweltcups und zum Abfahrtsolympiasieger 1976. Sein Geburtshaus, wo er auch seine Kindheit und Jugend verbrachte, ist heute kein Gasthaus mehr wie in den 1960er Jahren. Da stapfte Klammer zum Training zu Fuß die Hänge von Mooswald hinauf oder fuhr mit dem Bus ins nächste Skigebiet. Der Kaiser ist er für seine Fans geblieben, auch wenn sie mit ihm in die Jahre gekommen sind. Seit Langem lebt er in Wien, aber stets sagt er: »Ich hole mir meine Energie dort, wo meine Wurzeln sind, bei meiner Familie in Fresach.«

Ein echter Kaiser, nämlich Joseph II., war es, der historische Weichen für den Ort stellte. In Kärnten war der Protestantismus jahrhundertelang sehr verbreitet. Joseph II. erließ 1781 das Toleranzpatent, das den in der Gegenreformation verfolgten Protestanten freie Religionsausübung gestattete. So wurde 1782 die evangelische Pfarre Fresach gegründet und bald danach ein hölzernes Bethaus errichtet, entsprechend den Vorschriften des Toleranzpatentes ohne Turm, Glocken und hohe Fenster. Evangelische Bethäuser mussten wie normale Wohnhäuser aussehen. 1784 brannte das hölzerne Gebäude ab, und es wurde eines aus Stein errichtet. Dieses Toleranzbethaus ist das einzige in ursprünglicher Form erhaltene in Österreich. Sogar die originalen, von den Bauern selbst hergestellten Holzbänke und der Altar mit der direkt darüber angesetzten Kanzel sind noch vorhanden. Seit 1950 die neue evangelische Kirche gebaut wurde, ist das alte Bethaus Teil des evangelischen Diözesanmuseums.

Das historische Ensemble wurde 2011 um einen Neubau ergänzt. Hier findet alljährlich das Dialogforum »Toleranzgespräche« statt.

Adresse Evangelisches Diözesanmuseum, Museumweg 32, 9712 Fresach | Anfahrt A 10 Abfahrt Paternion-Feistritz an der Drau, der L 39 (Glanzer Landesstraße) bis zur Abzweigung rechts Richtung Fresach, dann der L 40 (Fresacher Landesstraße) bis Fresach folgen | Öffnungszeiten Anfang Juni – 31. Okt. Fr – So 11 – 17 Uhr, Führungen nach Voranmeldung, www.evangforumfresach.at | Tipp Gleich neben dem historischen Ensemble liegt das Gasthaus Zum Wirth (Dorfplatz 28), wo der Gast angenehm umsorgt wird und auch nächtigen kann (www.gasthauszumwirt.at).

26 Der Stadtbrunnen

Der Liebe und des Wassers Wellen

Der griechische Göttervater Zeus verliebt sich in Leda und verwandelt sich in einen Schwan, um ihr nahezukommen. Dieses erotische Motiv war in der Renaissance sehr beliebt. Offenbar auch bei Leonhard II. von Keutschach, dem Neffen des gleichnamigen Salzburger Erzbischofs. Er gab 1563 für den Hof des Renaissanceschlosses Tanzenberg bei Maria Saal den achteckigen Brunnen in Auftrag. Dieser stand dort bis 1802, ehe er aus Geldnot an einen Apotheker verkauft, per Ochsenkarren nach Friesach gebracht und am Hauptplatz aufgestellt wurde. Seitdem erfreut sich Kärntens älteste Stadt nicht nur an den vielen mittelalterlichen Bauten, sondern auch am größten Brunnen des Bundeslandes.

Wer die acht Reliefs in zartrosa-grauem Marmor mit Szenen der griechischen Mythologie gefertigt hat, ist unbekannt. Vielleicht war es ein italienischer Künstler. Das legt der Stil der Arbeiten nahe. Es sind Meisterwerke der Renaissancekunst als Wiedergeburt der Antike. Da darf Zeus nicht nur als Schwan die Leda verführen, in einer weiteren Szene entführt er als Stier die Prinzessin Europa. Auch sonst geht es um Liebe samt zugehörigen Abenteuern: Gott Poseidon entsteigt dem Meer; Artemis verwandelt Aktaion in einen Hirsch, weil er sie im Bad belauscht; Persephone wird geraubt; Poseidons Gattin Amphitrite reitet auf einem Meeresungeheuer; Perseus kämpft gegen ein Untier und befreit Andromeda; Herakles tötet den Kentauren Nessos, der Deianeira entführen will; Persephone wird vom Gott der Unterwelt Hades geraubt. Wie es sich für einen Brunnen gehört, haben alle diese Szenen irgendwie auch mit Wasser zu tun, mit Meer oder Fluss. Im Brunnenbecken stehen drei Tritonen und halten die mittlere Schale. Von gerechter Arbeitsteilung kann bei diesen Wassergöttern keine Rede sein. Einer stützt mit beiden Händen, der zweite mit einer Hand, der dritte nur mit dem Kopf. Darüber balancieren vier Putti das oberste Becken mit einer Figurengruppe aus Bronze.

Adresse Stadtbrunnen, Hauptplatz, 9360 Friesach | Anfahrt auf der S 37 und der B 317 bis zur Abzweigung Friesach, dann ins Zentrum fahren | Öffnungszeiten Der Brunnen ist immer zugänglich, allerdings in den Wintermonaten mit einem Holzverbau geschützt. | Tipp Am Hauptplatz 3 lädt die Schokoladenmanufaktur Craigher zum Eintauchen in süße Welten ein. Handgefertigte Schokoladen mit Kakaoanteil von 28 bis 80 Prozent und mit vielerlei Zutaten werden hier komponiert. Führungen durch die Erlebnismanufaktur gibt es nach Voranmeldung (www.craigher.com).

27 Der Hemmaberg

Rosalia und ihre Quelle am uralten Kultplatz

»Ein schönes Frauenzimmer erblickt ich beim Schein einiger stiller Lampen. Sie lag wie in einer Art von Entzückung, die Augen halb geschlossen, den Kopf nachlässig auf die rechte Hand gelegt … Ich konnte das Bild nicht genug betrachten.« Es passt auch auf die Rosalia in der Höhle am Hemmaberg, was Goethe 1787 in seiner »Italienischen Reise« über die Figur in der Grotte am Monte Pellegrino bei Palermo schrieb. Hier in ihrer Heimat nahm die Verehrung der Rosalia als Pestheilige ihren Ausgang. Im 12. Jahrhundert wurde ihr kaum verwester Leichnam in der Höhle gefunden und nach Palermo gebracht, zeitgleich endete dort die Pest. Das konnte für die Gläubigen kein Zufall sein!

Am Nordhang des Hemmabergs wurde für Rosalia im Jahr 1680 eine Kapelle als Dank errichtet, weil die Pest die Gegend verschont hatte. Seit Jahrhunderten pilgern Menschen hinauf zu der malerischen Rosaliengrotte mit der riesigen Öffnung im Kalkfelsen. Als der Künstler Suitbert Lobisser die Rosalia entwarf, mag er die Figur in Palermo oder zumindest Goethes Beschreibung gekannt haben. Ausgeführt hat die Sandsteinskulptur 1927 der Südtiroler Stefan Planker (die ursprüngliche wurde durch einen Brand zerstört). Wer die Glocke der Holzkapelle mit dem Strick läutet, dem wird angeblich ein Wunsch erfüllt. Und gesund soll bleiben, wer das Wasser der Quelle, die am Fuß der Grotte entspringt, trinkt oder damit die Augen benetzt.

Diese Quelle könnte schon in der Zeit der keltisch-römischen Besiedlung des Hemmabergs der Wasserversorgung gedient haben. Um 400 entstand oben auf der Kuppe die erste christliche Kirche. Um 510 errichteten arianische und katholische Christen noch je eine Doppelkirche. Neben deren Ausgrabungsresten steht die kleine Wallfahrtskirche St. Hemma, um 1500 gebaut. Unten im Ort Globasnitz ist im Museum viel über den geschichtsträchtigen Berg zu erfahren.

Adresse Hemmaberg, 9142 Globasnitz-Globasnica | Anfahrt A 2 Abfahrt Völkermarkt-Ost oder -West, B 82 bis Eberndorf, weiter Bleiburger Straße (B 81) und Luscha Straße (L 130) nach Globasnitz, dort der Beschilderung Hemmaberg folgen, Parkmöglichkeit oben bei der Zufahrt zum Hemmastüberl. Schilder weisen die Fußwege zu Rosaliengrotte, Hemmakirche und Ausgrabungen | Öffnungszeiten Grotte, Kirche und Ausgrabungen sind immer zugänglich, Archäologisches Museum Mai – Ende Okt. Di – So 10 – 12 und 14 – 17 Uhr, www.museum-globasnitz.at | Tipp Das ehemalige Stift Eberndorf ist eine eindrucksvolle barocke Anlage mit romanisch-gotischer Kirche. Stifter war im 11. Jahrhundert der Aribone Pfalzgraf Kazelin, auf den übrigens auch das Kloster Moggio Udinese in Friaul zurückgeht. Im Sommer wird im großen Hof Theater gespielt (https://sommerspiele-eberndorf.at).

28 Die Künstlerstadt

Buntes Leben in alten Häusern

Wozu braucht eine Stadt mit 2.500 Einwohnern fünf Gasthäuser am Hauptplatz? Eine berechtigte Frage. Die Antwort: Wenn sich bedeutende Historie mit modernen Kulturaktivitäten mischt, bleiben Hungrige und Durstige nicht aus. Hier neben der Tauernautobahn, wo die Flüsse Lieser und Malta verschmelzen, kamen schon die Römer vorbei. Die Erzdiözese Salzburg hatte Gmünd im 11. oder 12. Jahrhundert gegründet und lieferte auch ein Stück großer Geschichte: einer der bedeutendsten Fürsterzbischöfe, Wolf Dietrich von Raitenau, wurde hier 1611 im Zuge des »Salzkrieges« von bayerischen Truppen gefangen genommen und blieb bis zu seinem Tod 1617 in der Festung Hohensalzburg eingesperrt.

Gmünd ist von einer mittelalterlichen Stadtmauer eingefasst, die Häuser sind stilvoll renoviert. »Wir sind eine Stadt, die als gesamtes Ensemble denkmalgeschützt ist«, erzählt der Gmünder Johannes Krämmer. Er mag Historisches und sammelt leidenschaftlich Spielzeug. Tausende Stücke von 1879 bis heute sind in einer einstigen Garage eng gedrängt in Vitrinen ausgestellt. Ein eigenes Museum wäre sein Traum.

Krämmer hat den interessanten Berufsweg vom Transportunternehmer über einen Buchhändler bis zum Kulturvermittler hinter sich. Derlei Neigung zum Wandel hat er mit seiner Stadt gemeinsam. Denn seit 1991 entwickelt die Kulturinitiative Gmünd viel Ehrgeiz, alten Häusern der Stadt neues Leben zu geben. Mehr als 20 Galerien und Kunsthandwerker öffnen ihre Türen, in uralten Gebäuden in den schmalen Gassen genauso wie in der Gründerzeitvilla Jury des Jens August außerhalb der Stadtmauer. Künstlerinnen und Künstler werden in Gastateliers eingeladen. Im Stadtturm sind Ausstellungen von Berühmtheiten wie Goya, Miró oder Picasso zu sehen. Auf der Burg wird Theater gespielt und musiziert, im Kulturkino laufen bedeutende Filme. Und all das in einem Ambiente mit prachtvollem Blick auf den 3.106 Meter hohen Gipfel des Sonnblicks.

Adresse Kulturinitiative Gmünd, Hauptplatz 20, 9853 Gmünd in Kärnten, www.kuenstlerstadt-gmuend.at | Anfahrt A 10 Abfahrt Gmünd-Maltatal, auf B 99 bis zur Abzweigung Zentrum und dort in die Stadt fahren | Tipp Oberhalb der Stadt thront die Alte Burg, ein teilweise verfallener, eindrucksvoller spätmittelalterlicher Bau. Von dort ist ein schöner Blick auf die Stadt möglich. Burgcafé und -restaurant erfreuen sich großer Beliebtheit.

29 Das Porsche-Museum

Wo der legendäre 356er geboren wurde

Natürlich, bei Porsche denkt jeder an den Stammsitz Stuttgart. Es empfiehlt sich aber, auch an Gmünd in Kärnten zu denken: Hier wurde nämlich der allererste Porsche entwickelt und gebaut. Denn Ende 1944 übersiedelte das Konstruktionsbüro wegen der gefährlichen Luftangriffe von Stuttgart nach Gmünd und zog in ein Sägewerk, von der Belegschaft wegen der Baracken ironisch »Vereinigte Hüttenwerke« genannt. Unter der Leitung von Ferry Porsche, dem Sohn des Konstrukteurs Ferdinand Porsche, entstand hier der Sportwagen-Prototyp 356 Nr. 1 Roadster. Die Aluminiumkarosserie mit dem Stahlrohrrahmen war von Hand über Holzformen getrieben. Fahrwerk, Vierganggetriebe und Motor waren leicht veränderte VW-Originalteile (der Volkswagen war in den 1930er Jahren in Stuttgart entwickelt worden). Die Leistung des Vierzylinder-Boxermotors wurde auf 35 PS gesteigert. Der Wagen wog nur 585 Kilogramm und konnte bis zu 130 Stundenkilometer erreichen. 1948 wurde der Prototyp zugelassen. Die Testfahrten, auch von Ferry Porsche persönlich durchgeführt, auf der kurvigen, steilen Straße von Gmünd in Richtung Katschberg sind legendär. Zwischen 1948 und 1950 wurden in Gmünd 43 Coupés und acht Cabrios des Typs 356/2 handgefertigt. Dann kehrte die Firma nach Stuttgart zurück.

Christoph Pfeifhofer merkt man die Begeisterung an, wenn er von Porsche erzählt. Seit 2001 führt er das Museum, das 1982 dank der Porsche-Leidenschaft seines Vaters Helmut (Jahrgang 1938) entstanden ist. Der ging seinerzeit mit Söhnen der Konstrukteure in die Schule. Klar, dass er von deren Begeisterung angesteckt wurde. Sein erster Porsche war ein roter 356er. Doch Vater und Sohn Pfeifhofer sind besonders stolz auf ein Exemplar aus der ersten Gmünder Serie mit der handgehämmerten Karosserie. Aber auch moderne Exponate der Privatsammlung fallen auf, etwa der Porsche 911, mit dem die österreichische Polizei Autobahnrasern nachjagte.

Adresse Porsche-Museum, Riesertratte 4a, 9853 Gmünd in Kärnten, www.auto-museum.at | Anfahrt A 10 Abfahrt Gmünd-Maltatal, B 88 bis Gmünd, der Beschilderung Porsche-Museum folgen | Öffnungszeiten Mai–Okt. Täglich 10–16 Uhr | Tipp Nahe dem Hauptplatz lockt das Pankratium, das Haus des Staunens, in eine visuell-akustische Wunderwelt mit Klangmaschinen und Experimentierstationen – eine interaktive Erlebniswelt (www.pankratium.at).

30 Die Ziegelei

Lehm geformt nach alter Tradition

»Ursprünglich war das hier ein Schweinestall!« Sarah Falkinger zeigt gern die Werkstatt, in der handgeschlagene Ziegel entstehen. Österreichs letzte Hand-Ziegelei pflegt ein uraltes Handwerk und eine Spezialität: die »Grafensteiner Platte«, ein quadratischer Bodenziegel, meist 20 mal 20 Zentimeter groß, zweieinhalb Zentimeter dick, jeder ein handgemachtes Unikat. Etwa ein Monat Arbeit ist nötig, um Ziegel für 100 Quadratmeter Boden herzustellen. Drei Wochen trocknen die Lehmziegel, ehe sie bis zu 36 Stunden gebrannt werden. Die Temperatur im Ofen steigt bis auf 900 Grad Celsius.

Die Grafensteiner Platte hat Geschichte. 1880 gründete Heinrich Fürst von Orsini-Rosenberg in Grafenstein die erste Ziegelei für handgeschlagene Ziegel. »Geschlagen« heißt es, weil die Ziegler das mit Lehm gefüllte Holzmodel umgedreht und fest auf einen Tisch geschlagen haben, um den Rohling aus der Form zu bekommen. In Schlössern und Klöstern bestand viel Bedarf an Bodenziegeln. Nach dem Ersten Weltkrieg wurde die Ziegelei Orsini-Rosenberg technisiert, nach dem Zweiten Weltkrieg ausgebaut. Bis 1988 wurde produziert, dann erfolgte aus Kostengründen die Schließung. Alois Falkinger nahm 2008 die Tradition wieder auf und gründete die Ziegelei, die seit 2014 von seiner Tochter Sarah und ihrem Mann Mario Schmid, einem gelernten Landschaftsplaner, weitergeführt wird. »Ich bin in Bolivien aufgewachsen, wo meine Eltern als Entwicklungshelfer auch Lehmkirchen restauriert haben«, erzählt Sarah. Viel hat sie vom Vater gelernt und dann ein Keramikstudium absolviert. In der Werkstatt entstehen auch Ziegel für die kunstvollen Stadelfenster, die in Kärnten Teil der bäuerlichen Baukultur waren und so erhalten werden können. Wie überhaupt nicht nur Privatkunden, sondern auch Denkmalschützer froh sind, wenn sie auf die Ziegel mit dem Falkenstempel als Erkennungszeichen zurückgreifen können.

Adresse Ziegelei Falkinger, Zapfendorfer Straße 7, 9131 Grafenstein, www.bodenziegel.at | Anfahrt von Klagenfurt auf der B 70 Richtung Völkermarkt bis zur Abzweigung Grafenstein, dann auf der L 107 bis Grafenstein, im Kreisverkehr Ausfahrt Richtung Gallizien, vor der Feuerwehr links in die Zapfendorfer Straße und kurz danach links in den Feldweg abbiegen | Öffnungszeiten Besuch nach Vereinbarung, E-Mail bodenziegel@gmx.at oder Tel. 0650/4523507 | Tipp In dem kleinen Ort Grafenstein finden sich erstaunliche Bauten: Das Schloss ist ein schöner Bau des 17. und 18. Jahrhunderts und noch im Besitz der Erbauerfamilie Orsini-Rosenberg. Die moderne Volksschule geht auf den namhaften Architekten Clemens Holzmeister zurück, ebenso die Aufbahrungshalle am Friedhof.

31 Der Kirchenluster

Vom Tanzlokal zur Messfeier

Manche Lektüre macht neugierig! Besonders wenn bei der Beschreibung der Pfarrkirche nur kurz ein prunkvoller Holzluster mit 96 Leuchten erwähnt wird, »der vormals in einem Wiener Vergnügungsetablissement verwendet wurde«. Das veranlasste die Autoren dieser Zeilen zu heftiger Recherchen. Immerhin ist derlei »Wanderung« eines Lusters aus überaus weltlichen Sphären in geistliches Ambiente doch ziemlich außergewöhnlich.

In der Pfarrchronik wird der dreistöckige Leuchter als Geschenk des »früh verstorbenen Obersten Josef Edler von Dreschitz« erwähnt, »aus einem Wiener Vergnügungslokal« stammend. Sonst ließen sich bisher über diesen Spender und den Luster keine Dokumente finden. Bleiben folgende Schlussfolgerungen: Der genannte Oberst ist als Offizier der kaiserlichen Armee sicher auch in der Reichshauptstadt Wien gewesen. Dort waren im Biedermeier ab 1830/1840 viele große Ball- und Tanzetablissements in Mode, auch bei den Militärs. Es war die Blütezeit des Wiener Walzers. So spielte zum Beispiel im Tanzsaal »Das Sperl« der Walzerkönig Johann Strauss auf, ebenso im »Odeonsaal«, der bis zu 8.000 Vergnügungssüchtigen Platz bot. Das »Elysium« lud nicht nur zum Tanz, sondern auch in ägyptisch, amerikanisch oder asiatisch dekorierte Säle. In all den vielen Etablissements hingen riesige Kronleuchter. Der Griffener Luster stammt stilistisch genau aus dieser Biedermeierzeit; er hat ursprünglich Kerzen getragen. Die Elektrifizierung wird um 1900 erfolgt sein. Die alte Pfarrkirche von Griffen ist 1860 abgebrannt, sie wurde wiedererrichtet und 1863 neu geweiht. Damals kann auch der Luster hierhergekommen sein. Schließlich war in den 1860er Jahren die Glanzzeit vieler Vergnügungssäle in Wien vorbei, etliche mussten schließen.

Es liegt nahe, dass einiges von deren Inventar private Abnehmer wie den Oberst von Dreschitz fand und der Luster so nach Griffen kam.

Adresse Pfarrkirche Markt Griffen, Griffen 57, 9112 Griffen | Anfahrt A 2 Abfahrt Griffen, auf der B 80a ins Ortszentrum fahren | Öffnungszeiten Das Nordtor der Kirche ist fast immer geöffnet. | Tipp Sowohl der Weg auf den Schlossberg hinauf zur Ruine Griffen als auch die Griffener Tropfsteinhöhle sind beliebte Ausflugsziele (https://tropfsteinhoehle.at).

32 Stift Griffen

Im Zeichen des Peter Handke

»Ja, dieser stumme Friedhof hier ist mein Ausgangspunkt – meine Kultur …« Das sagt die Figur Gregor in Peter Handkes dramatischem Gedicht »Über die Dörfer« (erschienen 1981). Der Friedhof von Stift Griffen ist Vorbild für den Ort der Handlung, mit der Wehrmauer, dem Grab von Handkes Eltern und Halbgeschwistern sowie dem der Großeltern. In ersten Notizen für das Stück hat Handke hier auch eine Skizze gezeichnet, auf der zum Teil seine Regieanweisungen basieren.

Durch das Tor der Friedhofsmauer fällt der Blick auf die barocke Fassade der Stiftskirche mit ihren kräftigen Farben und auf die alte Pfarrkirche aus dem 13. Jahrhundert gleich daneben. Die Klostergebäude bedürfen zu großen Teilen noch der Renovierung. Peter Handke, 2019 mit dem Literaturnobelpreis geehrt, wurde in Stift Griffen getauft, was in den Matrikelbüchern der Pfarre vermerkt ist. Geboren ist er 1946 unweit von hier im Haus seines Großvaters (Altenmarkt 25, zwischen Stift Griffen und dem Schlossberg der Gemeinde Griffen gelegen). Auch etliche Jahre seiner Kindheit hat der Literat dort verbracht. 1957 zog die Familie in das gegenüberliegende selbst errichtete Haus Altenmarkt 6. Zu jener Zeit besuchte Handke das Internat des Gymnasiums Tanzenberg.

Er ist immer wieder in seinen Heimatort zurückgekommen und hat positive wie negative Empfindungen und Beobachtungen in Texten verarbeitet, zum Beispiel auch in seinem ersten Roman »Die Hornissen« (1966), in der Erzählung über seine Mutter »Wunschloses Unglück« (1972) oder wenn er sich mit den slowenischen Vorfahren seiner Familie befasste. Wer quer durch die Gebäude des ehemaligen Stiftes der Prämonstratenser (es war übrigens das einzige dieses Ordens in Kärnten) geht, vorbei an Räumlichkeiten, welche die Pfarre nutzt, und an anderen, aus denen Wohnungen wurden, gelangt zu einer anschaulichen und detailreichen Dauerausstellung, die Peter Handke gewidmet ist.

Adresse Stift Griffen 2, 9112 Griffen | Anfahrt A 2 Abfahrt Griffen, in den Ort Griffen fahren und weiter nach links auf der B 70 bis zur Abzweigung (nach rechts) zum Stift Griffen | Öffnungszeiten Handke-Ausstellung Di–So 9–19 Uhr, Mo geschlossen, für Gruppen mit Führung nach Vereinbarung, E-Mail griffen@ktn.gde.at, Tel. 04233/224723 | Tipp Am Waldrand nordwestlich von Stift Griffen steht das sogenannte Mönchshäusl, ein kleiner, zweigeschoßiger Bau mit offenen Arkaden, errichtet 1689 durch einen Propst namens Rupert, der von hier aus den Blick auf das Stift, den Ort und die Burg Griffen genoss.

33 Die Pasterze

Das gar nicht mehr ewige Eis

Manche Kindheitserinnerungen sind besonders intensiv. Etwa mit den Eltern auf der Großglockner-Hochalpenstraße bis zur Kaiser-Franz-Josefs-Höhe auf 2.369 Meter Seehöhe gefahren zu sein, dort das eindrucksvolle Panorama mit dem Großglockner als höchstem Berg Österreichs (3.798 Meter) bestaunt zu haben und mit der Gletscherbahn hinunter direkt zum Eis der Pasterze gelangt zu sein. Derlei hat sich den Autoren dieser Zeilen eingeprägt. Das Panorama ist noch immer großartig, und die 1963 errichtete Standseilbahn zum größten Gletscher der Ostalpen fährt nach wie vor, aber bei der Talstation auf 2.212 Meter Höhe ist kein Eis mehr, sondern das Gletscherbett präsentiert sich als Seenlandschaft.

Denn wie alle Alpengletscher schrumpft auch die Pasterze. Und zwar ziemlich rasch, wie die Zahlen der Forscher zeigen: Mitte des 19. Jahrhunderts, als Kaiser Franz Joseph auf der nach ihm benannten Höhe stand, war der Gletscher elf Kilometer lang und hatte eine Fläche von 26,5 Quadratkilometern. Nun, nach etwa 170 Jahren, ist er nur noch halb so groß.

Derzeit schmelzen pro Jahr etwa 60 Meter weg. Der Klimawandel mit den immer wärmer werdenden Sommern hat den Blick von der Kaiser-Franz-Josefs-Höhe sehr verändert: Die Gletscherzunge bricht ab in einen großen Schmelzwassersee, das Eis hat kreisförmige Strukturen, die anzeigen, wo sich Kavernen und Einsturztrichter bilden und Eisblöcke in den Gletschersee abgleiten. Im Sommer sind große Teile der Eiszone schmutzig grau, denn immer mehr Gestein rutscht von den Hängen, weil die Gletscheroberfläche einsinkt (seit Mitte des 19. Jahrhunderts um insgesamt 300 Meter) und die Permafrost-Zonen, also dauernd gefrorene Bodenzonen, auftauen. Auch große Felsstürze sind die Folge. Die Jahre der Pasterze sind gezählt. Noch 30, vielleicht 40 Jahre, dann – so sagen die Gletscherforscher – ist das Eisspektakel am Großglockner Geschichte.

Adresse Großglockner, Kaiser-Franz-Josefs-Höhe, 9844 Heiligenblut | ÖPNV per Zug nach Obervellach / Kärnten, von dort per Postbus nach Heiligenblut, von dort per Bus zur Kaiser-Franz-Josefs-Höhe (Infos auf www.grossglockner.at) | Anfahrt von Heiligenblut auf der Großglockner-Hochalpenstraße (mautpflichtig) | Öffnungszeiten Die Großglockner-Hochalpenstraße ist von Ende April / Anfang Mai bis Ende Oktober / Anfang November befahrbar. | Tipp Wer von der Kaiser-Franz-Josefs-Höhe weiter bis zum Scheitelpunkt der Großglockner-Hochalpenstraße, der Passhöhe Hochtor auf 2.504 Meter, fährt, kann dort eine Ausstellung anschauen, welche die jahrtausendealte Geschichte des Glockners als Passübergang veranschaulicht.

34 Der Dom der Hemma

Wo Kärntens Patronin wirkte

Springen wir in Gedanken zurück ins 11. Jahrhundert: Auf einer Wiese steht ein großer Stein, eine Frau sitzt darauf, überwacht den Bau einer Kirche für das von ihr gegründete Kloster und bezahlt die Arbeiter. Wer deshalb in ihre Börse greifen darf, schafft nur, das ihm wirklich Zustehende herauszunehmen. Sagt die Legende. Die Frau: Hemma von Gurk. Der Stein: ein Chloritschiefer.

Aus Hemmas Klosterkirche wurde im 12. Jahrhundert der Gurker Dom, der zu den Juwelen romanischer Baukunst in Österreich zählt. Aus der ein Leben lang wohltätigen Hemma wurde die Patronin des Bundeslandes Kärnten. Sie wurde schon bald nach ihrem Tod 1045 im Volk verehrt. Bis aus Hemma, Gräfin von Friesach-Zeltschach, die heilige Hemma wurde, dauerte es trotzdem fast 500 Jahre. 1466 begann zwar das Heiligsprechungsverfahren, jedoch standen Kriege und Kirchenpolitik einer Entscheidung lange im Wege. Erst im Januar 1938 bestätigte Papst Pius XI. die Heiligsprechung.

Begraben ist Hemma in der Krypta des Doms, mit ihren 100 Säulen eine der eindrucksvollsten Unterkirchen im deutschen Sprachraum. Der Steinsarg wurde ursprünglich von sechs Tragsäulen gestützt, drei davon sind erhalten. Der Sarkophag wurde im 18. Jahrhundert mit rotem Marmor verkleidet und das Grab mit zwei weißen Marmorfiguren sowie einem Relief gestaltet. Doch wer seinen Blick hinunter zum Boden wandern lässt, sieht in der Mitte durch eine 1925 geöffnete Lücke den interessanten romanischen Kopf der mittleren Tragsäule. Das macht auch die Vorstellung möglich, wie einst Frauen unter dem Sarkophag durchgekrochen sein sollen, um Kindersegen oder eine gute Geburt zu erbitten. Deshalb sollen sie sich auch auf den nun gleich neben dem Grab in einer Ecke stehenden, eingangs erwähnten Stein der Hemma gesetzt haben. Noch heute nimmt mancher Pilger darauf Platz, um die Erfüllung eines Wunsches zu erbitten.

Adresse Dom zu Gurk, Domplatz 11, 9342 Gurk | Anfahrt von Klagenfurt auf der S 37 und der B 317 in Richtung Friesach fahren, bei Pöckstein-Zwischenwässern ins Gurktal abbiegen, der B 93 bis Gurk folgen | Tipp Die Pfarrkirche von Lieding (Gemeinde Straßburg), etwa vier Kilometer von Gurk entfernt, ist eine Gründung von Gräfin Imma, vermutlich Mutter oder Großmutter der Hemma, und die älteste Kirche des Gurktals, ein teils romanisches, teils gotisches Kleinod mit Hallenkrypta, wertvollen Glasmalereien und Karner.

35 Das Pallavicini-Grab

Leben und Sterben im hochalpinen Eis

Eis bis 55 Grad Neigungswinkel … steinschlaggefährdet … bei Neuschnee akute Lawinengefahr. So wird die 600 Meter lange Eisrinne beschrieben, die vom Inneren Glocknerkar bis in die Scharte zwischen Klein- und Großglockner aufsteigt. Auch heutzutage ist sie nicht jedermanns Sache. Es war jedoch schon 1876, als der Wiener Alfred Markgraf Pallavicini sie erstmals gemeinsam mit drei Bergführern durchstieg. Der damals 28-jährige Offizier galt als der stärkste Mann Wiens. Es heißt, er habe als erster Mensch im Gewichtheben 100 Kilogramm zur Hochstrecke gebracht. Kraft war für die Eisrinne auch nötig, denn 2.500 Eisstufen mussten gehackt werden. Die Ausrüstung bestand lediglich aus Pickel und Seilen, Eishaken gab es damals noch nicht. Eine unglaubliche Leistung! Die Eiswand bekam den Namen Pallavicini-Rinne. Auf dem kleinen Friedhof bei der berühmten Kirche von Heiligenbut ist Pallavicini begraben. Denn zehn Jahre nach dem Bezwingen der Eisrinne kam er mit drei Kameraden am Westgrat des Glockners durch eine Lawine ums Leben. Erst eine Woche nach diesem Bergdrama wurde er gefunden. Er hatte trotz leerer linker Augenhöhle und anderer schwerster Verletzungen versucht, allein abzusteigen. Aber nahe »seiner« Pallavicini-Rinne hatten ihn die Kräfte verlassen. Am Friedhof steht gegenüber seinem Grab ein Kreuz, davor ein eisernes Buch mit Namen der Opfer des Glockners, gestiftet von Pallavicinis Familie.

Es soll der Legende nach auch eine Lawine gewesen sein, die im Jahr 917 den dänischen Prinzen Briccius das Leben kostete. Er habe ein Fläschchen mit Blut Christi bei sich gehabt, zum Schutz vor Räubern in seiner Wade versteckt. Drei Ähren seien aus dem Schnee gewachsen, da hätten Bauern ihn gefunden und begraben. Aber sein Bein sei nicht unter der Erde geblieben, bis man das heilige Blut entdeckt habe. So kam Heiligenblut zu seinem Namen. Briccius' Grab steht in der Krypta der Kirche.

Adresse Friedhof bei der Pfarrkirche St. Vinzenz, 9844 Heiligenblut am Großglockner | Anfahrt A 10 Abfahrt Knoten Spittal an der Drau, weiter E 66 und B 100 bis Möllbrücke, dann B 106 das Mölltal entlang bis Heiligenblut (Parkhaus am Ortseingang) | Tipp Das »Haus der Steinböcke« ist Pflicht für Naturbegeisterte, die mehr über die Hohen Tauern wissen möchten. Die Panoramaterrasse ermöglicht einen prächtigen Rundblick, auch auf die Kirche als berühmtes Postkartenmotiv (www.hausdersteinboecke.at).

36 Der Lerchenhof

Ein ökologisches Meisterstück

Zeit! So lautet das Zauberwort am Lerchenhof. Alles braucht seine Zeit, um gut zu werden. Mit dieser Philosophie führt Hans Steinwender einen Familienbetrieb, der eine ganze Palette bietet: vom Hotel mit Restaurant über eine Landwirtschaft bis zur Erzeugung von ganz besonderem Speck. Dass Achtsamkeit, Ökologie, Regionalität und Autarkie einfach dazugehören, ist für ihn logisch.

Als einer von 16 Betrieben ist der Lerchenhof ein tragender Teil der Marke »Gailtaler Speck«. Dieser ist höchst aromatisch und zergeht auf der Zunge. Kein Wunder, denn er bekommt ausreichend Zeit, um besonders schmackhaft zu werden. Erst dürfen die Schweine im Stall hinter dem Schloss in aller Ruhe ihr Schlachtgewicht erreichen, gefüttert mit Getreide und Mais von Feldern der eigenen Landwirtschaft. Hans Georg Fercher, der Fleischermeister des Hauses, sorgt dafür, dass das Fleisch, das zu Speck werden soll, zuerst genug Zeit in der Salzlake mit Gewürzen und dann in der Selche verbringt. Die duftenden Seiten des Wurzel-, Heu- und Weinspecks haben sechs bis zwölf Monate Zeit zur Reife. Auch Frischfleisch für das Lerchenhof-Restaurant entsteht an Ort und Stelle, außerdem noch Almkäse. Zwischen den Feldern stehen piemontesische Haselnussbüsche.

In der Küche arbeitet Steinwenders Sohn nach Slow-Food-Kriterien (guter Geschmack, nachhaltig hergestellt, fairer Preis). Damit aber nicht genug. Eine Hackschnitzelheizung und ein eigenes Wasserkraftwerk versorgen nicht nur Schloss Lerchenhof zu 100 Prozent mit Wärme und Elektrizität, sondern auch zahlreiche private Haushalte der Gegend.

Das Innere des Gebäudes spiegelt romantische Historie. Der Industrielle Julius Emanuel Wodley ließ das Schloss 1848 vor seiner Heirat für seine Braut errichten. Doch er verstarb, und sie erbte es. Seit 1880 ist der Lerchenhof im Besitz der Familie Steinwender und steht seit 1939 unter Denkmalschutz.

Adresse Schloss Lerchenhof, Untermöschach 8, 9620 Hermagor, www.lerchenhof.at | Anfahrt A 2 Abfahrt Hermagor, auf der B 111 nach Hermagor, an der Kreuzung nach dem Kreisverkehr auf die B 87 Richtung Weißensee abbiegen, bis Untermöschach fahren, der Lerchenhof liegt rechts an der Straße | Tipp Am östlichen Ortsrand von Hermagor nahe der gelben Station des Automobilclubs ÖAMTC steht ein einfaches Holzkreuz, Honditschkreuz genannt, mit einer Inschrift: Hier wurde 1813 ein französischer von einem österreichischen Soldat erschossen. Davon ausgehend hat die Schriftstellerin Ingeborg Bachmann (1926–1973) als 18-Jährige ihre Novelle »Das Honditschkreuz« mit einer rührenden Liebesgeschichte geschrieben.

37 Schloss Möderndorf

Lebendiges Erinnern an das Gailtal von einst

Blaugrün leuchten Gläser und Flaschen, der Farbe wegen Waldglas genannt. Es wurde in einem versteckten Tal südlich des Weißensees im heute verschwundenen Dorf Tscherniheim erzeugt. Vom 17. bis ins 19. Jahrhundert war diese älteste Glashütte Kärntens in Betrieb. Das ist eine der spannenden Geschichten, welche in der Museumsammlung in Möderndorf erzählt werden. In einer anderen wird geschildert, wie 1779 der Jesuit und Botaniker Franz Xaver von Wulfen am Gartnerkofel südlich von Hermagor eine rare blaue Blume entdeckte, die in Österreich nur dort vorkommt. Sie wurde nach ihrem Entdecker *Wulfenia carinthiaca* benannt. Derlei lernten die Kinder bestimmt auch in der hier ausgestellten Dorfschulklasse aus den 1950er Jahren mit den Holzbänken, der Tafel und der Rechenhilfe mit den Kugeln. Insgesamt lässt sich im Schloss das einstige Gailtaler Leben in seiner ganzen Vielfalt zwischen ärmlichem Bauerndasein und adeligem Wohlstand, zwischen Brauchtum und Frömmigkeit entdecken.

Der erfolgreiche Gailtaler Kaufmann Georg I. Essl (1861–1940) gründete die Sammlung, sein Sohn Georg II. (1906–1985) baute sie aus und erwarb Schloss Möderndorf; das Gailtaler Heimatmuseum entstand. Die Familie ist protestantisch, und Georg I. engagierte sich beim Bau der evangelischen Kirche in Hermagor. Sie heißt Schneerosenkirche, weil Spenden durch den Versand von Schneerosen gesammelt wurden. Schloss Möderndorf wurde von der Familie Essl im Jahr 2000 der Gemeinde Hermagor übertragen. Die Sammelleidenschaft hat sich übrigens auch auf die nächste Generation vererbt: Der Sohn Georgs II., Karlheinz Essl, ehemaliger Besitzer einer großen Baumarktkette, machte sich gemeinsam mit seiner Frau Agnes einen Namen als Sammler zeitgenössischer Kunst. Nach finanziellen Problemen musste diese, zu den größten Sammlungen von Gegenwartskunst in Österreich zählende Kollektion allerdings in verschiedenen Teilen verkauft werden.

Adresse Schloss Möderndorf – Gailtaler Heimatmuseum, Möderndorf 1, 9620 Hermagor, www.gailtaler-heimatmuseum.at | Anfahrt A 2 Abfahrt Hermagor, der B 111 (Gailtal Straße) bis Hermagor folgen, nach dem Kreisverkehr weiter Richtung Kötschach-Mauthen, kurz danach links nach Möderndorf abbiegen | Öffnungszeiten Mai–Anfang Juli und Sept.–Mitte Okt. Di–Fr 10–17 Uhr, Juli–Anfang Sept. Di–So 10–17 Uhr | Tipp Im Zentrum von Hermagor gegenüber der Pfarrkirche kocht im Bärenwirt ein wahrer Meister auf: Manuel Ressi, von Gault Millau mit Hauben gekrönt, verwöhnt seine Gäste, mit einem sehr fairen Preis-Leistungs-Verhältnis! (www.baerenwirt.info, www.manuelressi.com)

38 Die Hochöfen in Heft

Industriegeschichte im Dornröschenschlaf

Es war einmal ... So fangen Märchen an. Doch die drei Worte treffen gleich mehrfach auf eine der interessantesten historischen Eisenwerksanlagen Europas zu. Diese war einst das pulsierende Herz von Hüttenberg. Schon die Römer waren vom »ferrum noricum«, dem »Norischen Eisen«, begeistert. Über Jahrhunderte war der Hüttenberger Erzberg eines der wichtigen Bergbauzentren Kärntens. Zu Beginn des 19. Jahrhunderts gab es in der Gegend vier große Gewerke, also Bergbauunternehmen. 1978 wurde der Erzbergbau eingestellt; dieses »Es war einmal« hatte wirtschaftliche Gründe.

In Heft verfielen die beiden ab 1857 errichteten und zwischen 1901 und 1903 stillgelegten Hochöfen mit den Namen Johann-Ernst und Pulcheria. Maschinen- und Gebläsehaus zerbröckelten, das Bessemer-Stahlwerk wurde abgerissen. Die Natur überwucherte die Ruinen. Aber 1983 wurde das ehemalige Hüttenwerk unter Denkmalschutz gestellt. Eine Wiederbelebung schien die Landesausstellung »Grubenhunt & Ofensau« im Jahr 1995 zu bringen. Der renommierte Architekt Günther Domenig entwarf ein spannendes Projekt: einen selbstständigen Baukörper als Eingangsbereich am westlichen Ende des Ensembles, einen Gang aus Glas und Eisen – der »Stollen« – als Rückgrat der Anlage, der die neuen Bauteile und die Reste der alten verbindet. Eine sehr spezielle entstand. Der Funktionswandel hin zum Industriemuseum war gelungen. Doch seit der Landesausstellung heißt es wieder »Es war einmal...«, denn ein Nachnutzungsprogramm kam nicht zustande. Das »Freilichtmuseum mit Lehrpfad« kümmert nun dahin. In der versperrten Eingangshalle wachsen die Spinnweben. Gegenüber träumt man im geschlossenen Hochofen-Wirtshaus von besseren Zeiten. Aber alles gemeinsam beeindruckt nach wie vor. Von Domenigs Stollen aus werden Perspektiven auf und in die ehemaligen Hochöfen möglich, welche die Bedeutung der imposanten Anlage deutlich machen.

Adresse Hochöfen Heft, 9375 Hüttenberg | Anfahrt von Klagenfurt die B 92 das Görtschitztal entlang über Brückl bis Hüttenberg fahren, dort abbiegen auf die Hochofenstraße und etwa drei Kilometer bis Heft fahren | Öffnungszeiten Die Hochöfen sind immer zugänglich. | Tipp Hüttenberg ist die Heimat des Bergsteigers und Tibet-Forschers Heinrich Harrer. Über ihn informieren das Harrer-Museum und ein Pilgersteig sowie im nahen Ort Knappenberg das Tibetzentrum (www.huettenberg.at).

39 Das Kräuterdorf

Eine bunte, duftende, heilende Oase

In einer Kräuterinsel mitten im Dorf schneidet eine junge Frau verblühte Triebe des Muskatellersalbeis. »Die Samen kann man im Sommer noch aussäen, dann gibt es nächstes Jahr sicher schöne Blüten«, erläutert Gärtnerin Heidi. Wie anderer Salbei enthält auch diese Art wertvolle ätherische Öle, die gegen Viren, Bakterien und Keime wirken. Ein paar Schritte entfernt steht neben der Kirche der Pfarrstadel, so etwas wie das Kräuterherz des Ortes. Was immer es über die Anwendung von Kräutern und Heilpflanzen zu wissen gilt, hier kann man es erfahren. Getrocknete Blumen und Kräuter hängen von der Decke, Marmeladen und Essenzen stehen in Regalen für die Kunden, etwa Rosenblätter-Konfitüre, biologischer Insektenschutz aus Rosengeranie, Lavendel, Zitronengras und Nelkenöl oder das Universalheilmittel Schwedenbitter aus Angelikawurzel, Malvenblatt, Myrrhe, Eberwurzel, Pfefferminze und vielem mehr. »Sie können den Schwedenbitter auf Warzen tropfen, das hilft, sie abzutrocknen, oder in Grippezeiten zehn Tropfen pro Tag auf die Zunge zur Stärkung der Widerstandskraft.« Die Frauen des Dorfes kennen sich aus. Sie haben maßgeblichen Anteil daran, dass Irschen seit den frühen 1990er Jahren im Zeichen der Kräuter steht. So wurden zusätzliche Arbeitsplätze geschaffen, und die Gemeinde entwickelte sich zur Marke, Kräutervorträge und -kochseminare inklusive.

Inzwischen schneidet Heidi beim Pfarrstadel Kräuter im Schaugarten und empfiehlt einen Spaziergang zu den vielen privaten Gärten. So hat zum Beispiel ganz oben auf über 1.100 Meter Seehöhe im Ortsteil Griebitsch Rosemarie Kranabetter einen 1.000 Quadratmeter großen Bergkräutergarten angelegt. Aus mehr als 70 verschiedenen Kräutern mischt sie mit Leidenschaft wohlschmeckende und heilende Kräutertees. »Krächza« heißt jener gegen Husten, »Bauchi zwick« der für den beleidigten Magen, »Lust auf Liebe« sorgt für nettes Miteinander.

Adresse Kräuterhaus Pfarrstadel, Irschen 19a, 9773 Irschen, www.kraeuterdorf.at | Anfahrt A 10 Abfahrt Spittal, E 66 und B 100 das Drautal entlang bis Irschen fahren | Öffnungszeiten Pfarrstadel Mai–Okt. Mo–Fr 9–17 Uhr, Sa 9–13 Uhr, So und Feiertag geschlossen. Gartenspaziergänge sind immer möglich, Infos dazu gibt es im Gemeindeamt im Dorfzentrum | Tipp Nur wenige Kilometer von Irschen entfernt liegt bei Oberdrauburg das Bergdorf Zwickenberg. Die kleine Pfarrkirche mit dem Flügelalter aus dem 16. Jahrhundert und den Fresken an der Außenmauer mit Szenen aus dem Leben des heiligen Leonhard ist eine der Perlen unter den gotischen Kirchen Kärntens.

40 Die Burg

Gute Zeiten – schlechte Zeiten – gute Zeiten

Von Macht und Ohnmacht könnte der riesige Bau eine Menge erzählen, wenn er sprechen könnte. Die Geschichtsschreibung hilft, den spannenden Weg nachzuzeichnen von der 1586 errichteten Adelsschule bis zu dem heute von Büros, Geschäften und Cafés sowie als Museum genutzten Gebäudekomplex.

Am Anfang stand ein Geschenk: Der Habsburger Kaiser Maximilian I. übertrug aus Geldmangel 1518 die Stadt Klagenfurt den Landständen, also den geistlichen und weltlichen Grundherren. Klagenfurt war somit Landeshauptstadt. Im Zuge des folgenden Baubooms entstand unter anderem die protestantische Adelsschule. Der nächste Schritt zum Machtzentrum erfolgte 1604: Die Schule wurde zur Burg – als Sitz der Landstände, später als Wohnsitz des Burggrafen. Nach einem Brand 1723 wurde sie aufgestockt, die Fassade einheitlich gestaltet und auch eine Kapelle integriert mit Fresken des Barockmalers Josef Ferdinand Fromiller. Der nächste Wechsel der Institutionen der Macht folgte 1791: Die Landeshauptmannschaft zog ein. Der Erste Weltkrieg führte zum Zerfall der Habsburgermonarchie. Die Burg mutierte zum Sitz der interalliierten Abstimmungskommission. Hier wurde die für die Kärntner Geschichte so bedeutsame Volksabstimmung von 1920 über den Verbleib von Südkärntner Gebieten bei Österreich geplant. 1933 bekam der Bau eine völlig neue Widmung: Die Kärntner Landesgalerie zog ein. Doch die Macht der Kultur hatte hier vorerst kein langes Leben. Mit dem Anschluss an Hitler-Deutschland begann der wohl tragischste Teil der Geschichte der Burg: Sie war 1938 bis 1945 Gestapo-Zentrale für Kärnten und Oberkrain. Verhöre und Folter spiegelten brutale Macht und verzweifelte Ohnmacht. Nach dem Krieg diente die Burg bis 1955 der britischen Besatzungsmacht als Verwaltungssitz. Dann war wieder die Kunst am Zuge: 1965 öffnete die Landesgalerie erneut ihre Pforten. Aus ihr wurde 2003 das Museum Moderner Kunst.

Adresse Burg, Burggasse 8/Domgasse, 9020 Klagenfurt | **Anfahrt** A2 Abfahrten Klagenfurt-Ost, -Nord oder Wörthersee, Beschilderungen ins Zentrum folgen, Parken in der Garage Neuer Platz (unter dem Lindwurm), von dort ist die Burg etwa 100 Meter entfernt | **Öffnungszeiten** Die Burg von außen und der schöne Arkadenhof sind immer zu besichtigen, das Museum Moderner Kunst (MMKK) siehe https://mmkk.ktn.gv.at | **Tipp** Im Osten der Stadt beim Bahnhof Klagenfurt-Ebenthal (Ebenthaler Straße 118) erinnert ein Mahnmal an die Deportation slowenischer Kärntner Familien durch die Nationalsozialisten im April 1942. Züge brachten etwa 900 Menschen von hier nach Deutschland und Polen in Konzentrationslager oder zur Zwangsarbeit. Die drei eisernen Mahnmal-Stelen des Künstlers Valentin Oman stehen für Gewalt, Sprachverlust und den Verfall der Dinge.

41 Die Fuchs-Kapelle

Eintauchen in eine phantastische Welt

Die intensiven Farben, die unwirklichen Figuren, die altmeisterliche Lasurmalerei mit ihrer enormen Tiefenwirkung – die 160 Quadratmeter Wandmalerei faszinieren sofort beim Betreten dieser Kapelle in der Stadtpfarrkirche St. Egid. Das Sujet: die Apokalypse des Johannes, das letzte Buch des Neuen Testaments. Der Maler ist ein Großer der österreichischen Kunstgeschichte: Ernst Fuchs (1930–2015), Mitbegründer der Wiener Schule des Phantastischen Realismus, einer speziellen Ausformung des Surrealismus.

Die zufällige Begegnung zwischen Fuchs und einem Kärntner Theologen am Flughafen Tel Aviv führte dazu, dass der prominente Künstler die Ausgestaltung der Kapelle übernahm. »Wir leben in einem entscheidenden Moment der Apokalypse«, befand Fuchs in einem Interview. 20 Jahre lang hat er an diesem »Lebensthema« gearbeitet, von 1990 bis 2010. »Kunst ohne Religion ist für mich nicht denkbar, Kunst trägt den Schöpfergeist in sich, das macht sie unsterblich.«

Die Wände der Kapelle quellen über von phantastischen Figuren und Symbolen, geboren aus der Bilderwelt der Offenbarung: die Frau, deren Kind ein siebenköpfiger Drache zu verschlingen droht, was jedoch der Erzengel Michael verhindert. Das himmlische Jerusalem, das Buch mit den sieben Siegeln, die apokalyptischen Reiter, der Weltuntergang. Fuchs möge nur biblische Motive malen, wünschte sich der damalige Bischof, doch der Künstler fügte auch Flugzeuge, eine Rakete, Satelliten, Schiffe, sogar die Titanic und die Freiheitsstatue ein; die biblische und die moderne Welt stünden ja im Dialog. Dazu passt der Glasaltar mit 150 Kilogramm Swarovski-Kristallen. Auf einer Tür findet sich ein Selbstbildnis, darunter Fuchs' Malerfreund und Mitarbeiter Rainer Stern. Seit 2013 hängt über dem Kapelleneingang das größte Fuchs-Ölgemälde, ein Abendmahl. Ein von ihm entworfener Bronzeengel steht in einer Seitenkapelle.

Adresse Stadtpfarrkirche St. Egid, Pfarrplatz 7, 9020 Klagenfurt | Anfahrt A 2 Abfahrten Klagenfurt-Ost, -Nord oder Wörthersee, Beschilderungen ins Zentrum folgen, Parken in der Garage Neuer Platz (unter dem Lindwurm) und durch die Fußgängerzone Kramer- und Wienergasse zum Pfarrplatz gehen | Öffnungszeiten Besichtigung nur mit Führung Do, Fr und Sa 11.30 Uhr, für Gruppen nach telefonischer Vereinbarung (Tel. 0463/511308) | Tipp In St. Veit an der Glan ist 1998 das bunte Kunsthotel »Fuchspalast« nach Entwürfen von Ernst Fuchs entstanden (www.hotel-fuchspalast.at).

42 Das Hotel Moser Verdino

Die Auferstehung eines stilvollen Treffpunkts

Klagenfurt von oben – es gibt nicht sehr viele öffentlich zugängliche Lokalitäten, an denen derlei Blick auf die Stadt möglich ist. Wer aber die Aussicht nicht vom Stadtpfarrturm aus, sondern auch *auf* diesen genießen möchte, der ist im Hotel Moser Verdino richtig. Hinauf geht es rasch mit dem Lift: entweder in die Bar »19null7« im 5. Stock, die mit ihren riesigen Fenstern fast einen 360-Grad-Rundblick erlaubt, oder noch eine Etage höher, auf die Dachterrasse, wo das Auge ganz ungehindert schweifen kann. Hier wird der Aperitif im Sommer zum Kult. Der Neue Platz mit Lindwurm, die Kirchtürme, die Dachlandschaft, im Hintergrund an klaren Tagen die Bergkette der Karawanken – das lässt sich genießen.

Erst seit 2020 ist das Moser Verdino wieder geöffnet und setzt seine Tradition als stilvoller Aufenthaltsort für Klagenfurt-Besucher und Einheimische fort. Die allererste Herberge gab es hier schon vor mehr als 300 Jahren, zunächst war es nur ein kleines Haus mit Gaststätte. Im 17. Jahrhundert machte der Kaufmann Georg Struggl daraus ein Hotel, das sein Sohn weiterführte. Nach dessen Tod heiratete seine Witwe ihren Nachbarn Josef Moser, womit der erste Teil des bis heute erhaltenen Hotelnamens erklärt wäre. 1897 wurde das Haus an Viktor Verdino verkauft, die Marke »Moser Verdino« war geboren. 1905 bis 1907 erfolgte ein großer Umbau, wie aus den Dekorelementen des Jugendstils bis heute erkennbar ist. Im Erdgeschoß entstand ein Kaffeehaus. Nach dem Zweiten Weltkrieg beschlagnahmte die britische Besatzungsmacht das Hotel. Doch ab 1954 gab es einen Neustart. Die Bar und das Café waren jahrzehntelang ein Treff der Klagenfurter Hautevolee. Viele Besitzerwechsel überstand das Moser Verdino, doch im Jahr 2016 war mit dieser Phase Schluss. Aber der Innenstadt-Hotspot ist zu neuem Leben erwacht, diesmal sogar samt Bar und Dachgarten mit großartiger Aussicht.

Adresse Select Hotel Moser Verdino, Domgasse 2, 9020 Klagenfurt, www.select-hotels.com/hotels/select-hotel-moser-verdino-klagenfurt | **ÖPNV** vom Hauptbahnhof mit städtischem Bus 94 bis Haltestelle Neuer Platz | **Anfahrt** A 2 Abfahrten Klagenfurt-Ost, -Nord oder Wörthersee, Beschilderungen ins Zentrum folgen, das Hotel liegt etwa 100 Meter vom Neuen Platz (Lindwurm) entfernt, Zufahrt über Bahnhofstraße und Fleischmarkt, Parken in der Garage Neuer Platz | **Tipp** Der Benediktinermarkt südlich des Neuen Platzes ist nicht nur mit seinem Angebot an regionalen Lebensmitteln ein Anziehungspunkt (besonders Donnerstag und Samstag), es kann auch an Ort und Stelle in kleinen Restaurants beziehungsweise Imbissstuben dem Genuss gefrönt werden.

43 Der Lindwurmschwanz

Auch ein Drache hat seine Schwächen

Am Lindwurm, dem Wahrzeichen der Landeshauptstadt Klagenfurt, kommt niemand vorbei. Weniger beachtet wird, dass auch dieses steinerne Untier seinen schwachen Punkt hat: den Schwanz. Denn der Stein, aus dem der Drache Ende des 16. Jahrhunderts gefertigt wurde, ist Chloritschiefer vom Klagenfurter Hausberg Kreuzbergl, ein eher weicher Stein. Das machte ihn zwar zu einem beliebten Material für Bildhauer, aber weil er auch etwas Wasser aufnimmt, ist er brüchig. Insbesondere wenn es im Winter friert. Gar nicht ideal für einen so kunstvoll geringelten Schwanz. Der soll zeigen, wie wild der Lindwurm – der Klagenfurter Gründungssage nach – damit um sich schlug, während er im Sumpf nahe dem Wörthersee Tiere und Menschen fraß, ehe er in einen mit Widerhaken versehenen Stier biss und in der Folge erschlagen wurde.

Es kam also mehrfach, wie es wohl kommen musste: 1797, als Napoleons Franzosen in Klagenfurt eingezogen waren, setzte sich ein französischer Soldat auf den Schwanz, und der brach ab. 1945 schafften dasselbe britische Soldaten, die den Schwanz erklommen, um darauf für ein Foto zu posieren. 1997 war wegen diverser Alterserscheinungen des steinernen Wurms wieder eine Restaurierung nötig. In einer Aprilnacht 2013 nutzten Jugendliche den Schwanz als Turngerät und brachten ihn zum Bröckeln, nachdem die Witterung eines besonders strengen Winters schon für Risse gesorgt hatte. Damals konnte ein Abbrechen durch rasches Stützen per Holzgerüst noch verhindert werden. Die Restaurierung folgte, 2017 eine weitere. Übrigens: In Dachau, der deutschen Partnerstadt Klagenfurts, steht seit 2019 als Freundschaftszeichen ein kleiner Bruder des großen Lindwurms. Und auch diesem wurde schon zweimal der Schwanz abgebrochen. Was hilft? Drachenwächter? Alarmsysteme? In Klagenfurt erlaubt jedenfalls nun eine Webcam einen 24-Stunden-Kontrollblick auf den Neuen Platz samt Lindwurm.

Adresse Neuer Platz, 9020 Klagenfurt | **Anfahrt** A 2 Abfahrten Klagenfurt-Ost, -Nord oder Wörthersee, Beschilderungen ins Zentrum folgen, Parken in der Garage Neuer Platz (unter dem Lindwurm) | **Tipp** Der Botanische Garten in einem aufgelassenen Steinbruch am Fuß des Kreuzbergls (Prof.-Dr.-Kahler-Platz 1) bringt Interessierten die Pflanzenwelt Kärntens, aber auch Besonderheiten aus aller Welt nahe und ist überdies eine erholsame Oase der Ruhe mit Bänken zum Verweilen (https://landesmuseum.ktn.gv.at/standorte/kbz).

44 Das Strandbad

Wo die Stege Brücken heißen

Ein Laufsteg für Strandschönheiten, ein Treffpunkt der Jugend zum Sonnenbaden, manche Sommerliebe nimmt hier ihren Anfang. Die Mittlere Brücke hatte stets ein besonderes Flair. 1959 errichtet, wurde sie immer wieder verlängert und verbreitert (wie die beiden anderen Brücken des Bades auch). Mit 136 Meter Länge, zwölf Meter Breite, mit zehn Stiegen und zwei Einstiegsleitern ins Wasser ist die Mittlere Brücke heute der größte Badesteg Österreichs. Das Strandbad, gegründet 1924, ist eines der größten Binnenseebäder Europas. An heißen Tagen tummeln sich hier gut und gern 10.000 Besucher. Beachtenswert ist die denkmalgeschützte Eingangshalle mit fünf hohen Bögen an der Fassade, errichtet 1927 von den Architekten Franz Koppelhuber und Paul Theer im Stil der historistischen Wörtherseearchitektur.

Wer es im Strandbad ruhiger haben will, mietet ein Tret- oder ein Ruderboot, gönnt sich einen Drink in der Bar am Dach des Bootshauses oder sucht sich einen Platz auf der 40.000 Quadratmeter großen Liegewiese im Schatten der alten Bäume. Dort stehen auch hübsche weiße Badehäuschen, 172 kleine und 25 größere, die Dauermietern als Umkleidekabinen und zum Verstauen von Badeutensilien, wie Liegestühlen und Luftmatratzen, dienen. Diese Badehäuschen sind heiß begehrt. Es wird gescherzt, nur über den Erbweg ließe sich eines ergattern. Für viele Klagenfurter Kinder beginnt das Leben am See mit dem Sandspielen am Strand, hier lernen sie schwimmen. Bei der Wasserrettung werden hier die Prüfungen für diverse Schwimmabzeichen absolviert. Und so ist es für Einheimische selbstverständlich, im Sommer nach der Arbeit noch ins Strandbad zu fahren und den See zu genießen, der so herrlich türkisgrün leuchtet. Seenforscher wissen, warum: Durch intensive Sauerstoffproduktion von Algen und Unterwasserpflanzen entstehen im Wasser Kalkteilchen; das Sonnenlicht wird so auf besondere Weise reflektiert.

Adresse Metnitzstrand 2, 9020 Klagenfurt | **ÖPNV** von Klagenfurt Heiligengeistplatz mit Bus 10 bis Haltestelle Strandbad | **Anfahrt** vom Zentrum Klagenfurts die Villacher Straße (entlang des Lendkanals) bis zum See fahren | **Öffnungszeiten** Hauptsaison Juni–Aug. 8–21 Uhr, Vorsaison Mai und Sept. Mo–Fr 9 bis mindestens 19 Uhr, Sa, So 8 bis mindestens 19 Uhr | **Tipp** Kleine Wörthersee-Rundfahrt gefällig? Die Wörthersee Schifffahrt macht's möglich, zum Beispiel ganz nostalgisch mit der Thalia, dem letzten Schraubendampfschiff Österreichs (www.woertherseeschifffahrt.at).

45 Der Zehrer

Ein Platz der süßen Träume

»Bitte, bitte eine Lindwurmschokolade!« Das kleine Mädchen vor dem verführerischen Schaufenster hüpft aufgeregt von einem Bein aufs andere. »Na gut«, sagt die Mutter und lacht, »aber dann nehmen wir für den Papa auch seine geliebten Schokotrüffel mit.« Gut möglich, dass die junge Frau als Kind auch schon leuchtende Augen vor dieser Auslage hatte. Gut möglich, dass ihre Hochzeitstorte vom »Zehrer« kam. Gut möglich, dass sie hier auch alles zum Backen und für jedes Fest Kerzen kauft.

Der Zehrer in einem stilvollen Haus am Alten Platz, also im Herzen der Stadt, ist eines der wenigen Geschäfte mit langer Tradition, die es in Klagenfurt noch gibt. Alles begann mit dem Bienenwachs; als Wachszieher und Lebkuchenerzeuger hat Dominikus Zehrer 1763 begonnen. Bald kam die Zuckerbäckerei dazu, später ein Großhandel mit Süßem und Kerzen. In den 1960er Jahren wurde die Backstube in die St. Veiter Straße verlegt und dort auch eine Kaffeekonditorei eröffnet, heute das Café Melange. Das Stammgeschäft am Alten Platz ist ein echtes Dorado für Schokofans.

Die selbst erzeugten gefüllten Schokoladen und Pralinen in den verschiedensten Geschmacksrichtungen locken ebenso wie die enorme Auswahl an besten Schokoladen aus aller Welt. Und wer selbst die Backkunst pflegt, der ist in der Abteilung mit den Kuchenformen, Keksausstechern, Backzubehör und -zutaten aller Art im Paradies. Auch Tortendekor, vom Gelee-Saurier bis zur Marzipanrose, ist variantenreich zu finden. Dazu kommt das große Angebot an Kerzen, von riesigen Exemplaren für den Altar bis zu winzigen für die Geburtstagstorte, die man hier bestellen kann, etwa die vielfach prämierte hauseigene Sachertorte. Für viele Klagenfurter gehören Oster- oder Taufkerzen und auch die patentierte Zehrer-Allwetterkerze, die mit dickem Docht Wind und Regen trotzt, einfach dazu.

Adresse Dominikus Zehrer GmbH, Alter Platz 7, 9020 Klagenfurt, www.zehrer.at | Anfahrt A 2 Abfahrten Klagenfurt-Ost, -Nord oder Wörthersee, Beschilderungen ins Zentrum folgen, Parken in der Garage Neuer Platz (unter dem Lindwurm) und durch die Fußgängerzone Kramer- und Wienergasse zum Alten Platz gehen | Öffnungszeiten Mo–Fr 8.30–18.15 Uhr, Sa 8.30–17 Uhr | Tipp An der Westseite des Alten Platzes steht das älteste urkundlich erwähnte Gebäude Klagenfurts aus dem Jahr 1489, die »Goldene Gans«. Möglicherweise war es das älteste Rathaus der Stadt. Eine vergoldete Gans steht als Hauszeichen über dem Eingangsportal.

46 Das Stift Viktring

Was alte Mauern von Musik erzählen

Das Stiftsgebäude spiegelt sich im Teich und fügt sich harmonisch in die umgebende Natur. Das Plätschern der Wasserfontäne wird zur perlenden Melodie. Diese Klänge verbinden sich mit der Musik, die in der warmen Jahreszeit aus offenen Fenstern dringt, wenn Schüler üben. Seit 1977 ist in dem ehemaligen Kloster ein Gymnasium mit Schwerpunkt Musikerziehung untergebracht.

Die alten Mauern haben schon viel beglückende Musik erlebt. In der Stiftskirche in burgundischer Romanik (1843 wurde leider die Hälfte des Langhauses abgetragen) ertönten seit ihrer Weihe im Jahr 1202 die liturgischen Gesänge der Zisterziensermönche, bis 1786 das Kloster – wie viele andere auch – von Kaiser Joseph II. aufgehoben wurde.

Die Brüder Christian und Johann Moro kauften die Gebäude und richteten eine Tuchfabrik ein. Um 1835 waren dort etwa 200 Arbeiter beschäftigt, unter anderem das Ehepaar Koschat als Färber beziehungsweise Wollklauberin. Deren Sohn Thomas kam in jenem Gebäude zur Welt, das im Osten den Arkadenhof begrenzt. Die Familie Moro war kunstsinnig, und so wurde im Stiftshof oft gesungen. Josefine Moro leitete den Kirchenchor, der kleine »Thomale« durfte mitsingen, weil er eine so schöne Stimme hatte. Dieser Thomas Koschat (1845–1914) sollte als Komponist und Chorleiter eine tragende Persönlichkeit des volkstümlichen Kärntner Liedes werden. Jede(r) Kärntner(in) kann sein 1871 geschriebenes, berühmtestes Lied »Verlåssn, verlåssn« mitsingen. Es wurde in 18 Sprachen übersetzt, ist also auch international bekannt.

Weltweit berühmt war auch der ebenso eigenwillige wie großartige Pianist Friedrich Gulda (1930–2000). Er gründete 1972 in Viktring das Internationale Musikforum. Unvergessen ist das Eröffnungskonzert 1973, als der Exzentriker mit freier Improvisation viele im Publikum verschreckte, um erst danach wie angekündigt Bach zu spielen. Das Musikforum bereichert nach wie vor den Kärntner Kultursommer.

Adresse Pfarre Bundesrealgymnasium Viktring, Stift-Viktring-Straße 25, 9073 Klagenfurt, www.stiftviktring.at, www.brg-viktring.at | ÖPNV von Klagenfurt-Heiligengeistplatz mit Bus 98 bis Viktring-Schule | Anfahrt von Klagenfurt auf der B 91 nach Süden bis zur Abzweigung Viktring (Keutschacher Straße), in Viktring beim Kreisverkehr der Beschilderung Stiftskirche folgen | Tipp Ein Abstecher nach Maria Rain (gehörte einst zum Stift Viktring) lohnt wegen der interessanten Wallfahrtskirche und des Aussichtspunktes Kaiserhütte mit einem schönen Blick über das Rosental.

47 Das Genießer-Zentrum

Eine Tankstelle für Gaumen und Geist

Er nennt sich Edelgreissler, aber das wird seiner Vielseitigkeit kaum gerecht: Herwig Ertl hat nicht nur aus dem einfachen Kaufhaus der Familie ein Spezialitätengeschäft gemacht, er ist auch darüber hinaus eine treibende Kraft, aus Kötschach-Mauthen, dem Gail- und dem Lesachtal einen Landstrich zu machen, wo Genuss und Nachhaltigkeit gleichermaßen regieren. Wer die »Edelgreisslerei« betritt und mit Ertl plaudert, den zieht er energiegeladen auf seine Seite, die Seite des fairen Genießens. Er hat das Convivium Slow Food Alpe Adria gegründet.

Gut, sauber und fair – das sind die Prinzipien der internationalen Slow-Food-Bewegung, die der piemontesische Publizist Carlo Petrini in den 1980er Jahren ins Leben gerufen hat als Gegengewicht zur Massenabspeisung Fast Food. Qualitätsvolle, überaus wohlschmeckende Lebensmittel, nachhaltig produziert zu fairen Preisen für Verbraucher und Produzenten: Davon findet man in Herwig Ertls Edelgreisslerei jede Menge, denn viele Erzeuger der Region finden sich in dieser Philosophie wieder. Etwa die Bäckerei Matitz gleich um die Ecke, die mit Sauerteig handgemachtes Brot, Landmais-Gebäck und auch eine Unzahl von Vollwertkräcker-Varianten anbietet. Und der Bauer Sepp Brandstätter, der den weißen Gailtaler Landmais, eine uralte Sorte, wieder anbaut. Und die nach dem keltischen Namen des Ortsteils Mauthen benannte Biermanufaktur Loncium. Und der Käsemacher Zankl aus Dellach. Und der Zerza-Bauer in Tressdorf mit seinen viele Kartoffelsorten. Und und und.

Aus Friaul-Julisch Venetien und Slowenien holt der Edelgreissler genauso gern mancherlei Köstlichkeit. Die Alpe-Adria-Region hat auch dort viel zu bieten, was seinen Anliegen und denen der Kunden entspricht, vom Olivenöl bis zum Wein. Bei Verkostungen in seinem Geschäft kann Ertl jeden vom fairen, nachhaltigen Genießen überzeugen. Da ist er ganz in seinem Element.

Adresse Edelgreisslerei Herwig Ertl, Hauptplatz 19, 9640 Kötschach-Mauthen, https://herwig-ertl.at | Anfahrt A 2 Abfahrt Hermagor, die B 111 über Hermagor nach Kötschach-Mauthen fahren, die Edelgreisslerei ist im Ortsteil Kötschach nahe der Kirche zu finden | Öffnungszeiten Mo – Fr 8.15 – 12.15 Uhr und 14.30 – 18 Uhr, Sa 8.15 – 12.15 Uhr | Tipp Im nahe gelegenen Ort St. Daniel führen Herwig Ertls Frau Marianne Daberer und ihr Bruder Christian das Biohotel Daberer, ein biozertifiziertes Gesamtkunstwerk, vom Bau bis zur Kulinarik (www.biohotel-daberer.at).

48 Der Plöckenpass

Einst und jetzt unter Strom

Auf einem gelben Schild an einem Felsen steht zu lesen: »1915–1917 Feldmäßige Stromleitung«. Wenige Meter entfernt drehen sich riesige Rotorblätter zweier Windräder zur Stromerzeugung. Selten sind Energiegegenwart und -vergangenheit so nebeneinander zu sehen wie hier an der Grenze zu Italien. Denn wo im Ersten Weltkrieg die blutige Front zwischen Österreich-Ungarn und Italien verlief und die Soldaten Stromleitungen zur Versorgung legen mussten, dreht sich seit 1997 ein Windrad, seit 2017 ein zweites. In den 1990er Jahren war so ein Energieprojekt auf 1.400 Meter Seehöhe eine Pionierleistung. Nach wie vor ist diese Windkraftanlage des Unternehmens »AAE Naturstrom« (einer der führenden Ökostromversorger in Österreich) die einzige in Kärnten und Teil des autarken Hydro-Solar-Energiesystems Kötschach-Mauthen, das auch Kleinwasserkraftwerke und Solaranlagen in der Umgebung umfasst.

Der Plöckenpass (italienisch Passo Monte Croce Carnico) zwischen dem Gailtal und Friaul war im Ersten Weltkrieg ein heiß umkämpfter Abschnitt der Front, die entlang des Hauptkamms der Karnischen Alpen verlief. In hochalpinem Gelände standen italienische Soldaten den österreichischen und deutschen gegenüber. Die Stellungen lagen oft nur wenig voneinander entfernt, etwa bei Gipfeln wie dem Kleinen Pal oder dem Cellon, die an den Plöckenpass grenzen. Die Soldaten hatten in diesem schrecklichen Gebirgskrieg nicht nur gegen den Feind, sondern auch gegen Kälte und Wind zu kämpfen. Im Winter sind hier Stürme mit 140 Stundenkilometern Geschwindigkeit keine Seltenheit.

Die moderne Windkraftanlage nutzt genau diese extremen Wetterbedingungen. In der Umgebung der Windräder weisen gelbe Schilder die Wege zu den Schauplätzen der Kämpfe. Aus den Kriegspfaden wurden inzwischen Friedenswege, denn Freiwillige haben Unterstände und Schützengräben restauriert und ein Freilichtmuseum entstehen lassen.

Adresse Plöckenpass, 9640 Kötschach-Mauthen | **Anfahrt** von Kötschach-Mauthen die B 110 bis zur Passhöhe, vor dem Zollhaus gleich links bei einem der Windräder befindet sich ein Parkplatz | **Öffnungszeiten** Die Windkraftanlage und die Wege zu den Kriegsschauplätzen sind stets zugänglich, wenn nicht winterliche Wetterlage herrscht | **Tipp** Wer mehr über die Geschichte des Ersten Weltkriegs in dieser Gegend erfahren möchte, kann das »Museum 1915–18« im Rathaus von Kötschach-Mauthen besuchen (Mitte Mai bis Mitte Oktober).

49 Hochosterwitz

Die Burg in der Burg

Als »Riese von Hochosterwitz« ist er berühmt: Burghauptmann Reinher Schenk von Osterwitz lebte im 14. Jahrhundert und muss viel mehr als zwei Meter groß gewesen sein. Das zeigt seine Ritterrüstung in der Waffenkammer. Tausende Besucher bestaunen jedes Jahr die erstaunliche Anlage mit ihren 14 Toren auf einem 150 Meter hohen Felsen, die über Jahrhunderte erfolgreich Feinden standgehalten hat. Kein Zweifel, die Burg Hochosterwitz zählt zu den Wahrzeichen Kärntens. Seit 1561 Freiherr Georg Khevenhüller sie erwarb und ihr in der Folge die jetzige Form gab, ist die Burg ohne Unterbrechung in Besitz der Familie Khevenhüller geblieben.

Stets sorgten Burghauptmann und Wachmannschaften für die Sicherheit. »Das vierte und fünfte Burgtor sind mit dem zugehörigen Wachturm eine Burg in der Burg, das war in früheren Zeiten ein besonders wichtiger Punkt für die Verteidigung«, erzählt Erich Suschnig. Er ist so etwas wie das moderne Gegenstück zum Riesen, denn er ist Hauptmann und stellvertretender Kommandant der privaten Khevenhüller-Garde auf Hochosterwitz. 20 Mann und zwei Damen umfasst diese Schutzeinheit. Wer aufgenommen werden will, muss den Präsenzdienst beim österreichischen Bundesheer abgeleistet haben und unbescholten sein. Die Garde orientiert sich an der Schweizergarde des Vatikans, »aber ohne sie zu kopieren«, wie Hauptmann Suschnig betont.

Ab 1577 waren die Mannschaften in dem Wachturm der »Burg in der Burg« beim vierten Tor untergebracht. Heute ist dort in einem Raum vielerlei ausgestellt, was zum Verständnis der Khevenhüller-Garde beiträgt: Uniformen und Ausrüstungsgegenstände vom 16. Jahrhundert bis heute. Im Torbau selbst wurde für die moderne Garde ein Aufenthaltsraum eingerichtet. Dort können die Gardisten auch ihre Uniformen in historischem Stil mit den Farben Schwarz und Gelb, entsprechend jenen des Wappens von Hochosterwitz aufbewahren.

Adresse Hochosterwitz 1, 9314 Launsdorf, www.burg-hochosterwitz.com | **Anfahrt** S 37 Abfahrt St. Veit-Süd, rechts bis St. Donat, dort links Richtung Hochosterwitz abbiegen | **Öffnungszeiten** April und Okt. täglich 10–17 Uhr, Mai–Sept. 9–18 Uhr | **Tipp** Einen Hauch von Kaiserlichem gibt es zu spüren im Hotel Seehof der Familie Schratt im nahen St. Georgen am Längsee: Begründer war Heinrich Schratt, Bruder von Katharina Schratt, der langjährigen Geliebten Kaiser Franz Josephs. Deshalb gibt es sonntags Schratt-Guglhupf zum Frühstück.

50 Teurnia

Was Archäologie so alles erzählen kann

Ursus war ein mächtiger Mann. Als Militärkommandant stellte er etwas dar in dieser Stadt Teurnia, welche die Römer im keltischen Gebiet um 50 nach Christus gegründet hatten und wo in der Folge keltische und römische Kultur und Religionen verschmolzen. Zur Zeit des Ursus, also etwa um 500 nach Christus, war die römische Provinz Noricum schon fast 200 Jahre lang geteilt: in das nördliche Ufernoricum und in das südliche Binnennoricum, und Teurnia hatte Virunum als Provinzhauptstadt Binnennoricums abgelöst. Es galt kriegerische Völkerwanderungszeiten zu überstehen. Vor allem Alemannen und Ostgoten kannten kein Pardon. Von 493 bis 536 herrschte der Ostgotenkönig Theoderich über das Weströmische Reich, also auch über Binnennoricum. Das war die Zeit, als Ursus sich um die Sicherheit von Teurnia kümmerte.

In einer frühchristlichen Kirche außerhalb der Stadtmauern – heute am Fuß des Hügels von St. Peter im Holz – hinterließ er seine Spur. Als 1910 die Reste der Kirche ausgegraben wurden, kam in einer Seitenkapelle ein künstlerisch wertvolles Bodenmosaik mit einer Stifterinschrift zum Vorschein: Ursus und seine Gemahlin Ursina ließen das Mosaik aufgrund eines Gelübdes anfertigen. Welches Gelübde das war, ist unbekannt. Aber der Militärkommandant wird wohl, so meinen Forscher, mit den Ausführenden das Bildprogramm des Mosaiks besprochen haben.

Die Deutung der zwölf Bildfelder mit ihrer reichen Ornamentik und den zahlreichen Tierdarstellungen – Storch, Eidechse, Hase, Ente, Vögel, Rind, Hirsch, Schlange, Hirschkuh und Adler – beschäftigt jedenfalls die Wissenschaftler bis heute. Evangelientexte und solche des Physiologus, einer frühchristlichen Naturlehre, dienen der Interpretation der Szenen. Ursus soll in dieser Kapelle begraben gewesen sein. Ein Sarkophag wird ihm zugeordnet, zwei Steinplattengräber sollen für seine Gemahlin und zwei Söhne bestimmt gewesen sein.

Adresse Römermuseum Teurnia, St. Peter im Holz 1a, 9811 Lendorf | **Anfahrt** von Spittal an der Drau auf der B 100 etwa vier Kilometer bis St. Peter im Holz fahren, der Beschilderung zum Römermuseum folgen | **Öffnungszeiten** Ende Mai–26. Okt. Di–So 10–16 Uhr | **Tipp** Wer von den alten Römern nicht genug bekommen kann, besucht auch den Archäologiepark Gurina in Dellach im Drautal. Dort wurde ein Herkules-Tempel rekonstruiert (https://gurina.dellach.at).

51 Das Geigenbau-Museum

Die klingende Leidenschaft des Johann Lexer

Diese Landschaft zieht jeden in ihren Bann. Im Süden Richtung Italien die Karnischen Alpen, im Norden die Lienzer Dolomiten, dazwischen hat sich der Fluss Gail eine tiefe Schlucht gegraben: das Lesachtal. Die Straße eröffnet nach jeder der vielen Kurven einen neuen, faszinierenden Blick. An den steilen Hängen wirken die Bergbauernhöfe wie angeklebt. Die kleinen Orte wurden zum Großteil 1973 zur Gemeinde Lesachtal zusammengefasst.

Liesing ist einer dieser Orte. Dort steht ein barockes Gebäude, lange eine beliebte Gaststätte, heute überrascht es als Geigenbaumuseum. Es geht auf Johann Lexer (1904–1980) zurück. Er entstammte einer der alteingesessenen Bauernfamilien. Doch ihn zog es weniger aufs Feld als zur Musik. Neben seinem Beruf als Gemeindesekretär war er Kapellmeister, Komponist und Geigenbauer. Von Jugend an faszinierte ihn die Geige, doch er konnte es sich nicht leisten, eine zu kaufen. So brachte er sich selbst bei, Instrumente zu bauen. Er studierte große Geigenbauer wie den Tiroler Jacob Stainer und Antonio Stradivari aus dem italienischen Cremona. »Alles aus Holz, ich probier's einfach«, dachte er. So entstand 1926 seine erste Geige, mit dem Korpus aus Ahornholz und der Decke aus dem feinmaserigen Holz der Haselfichte. Dieses ist besonders geeignet als Klangholz. Aber auch Violen, Celli und Bassgeigen wusste Johann Lexer zu fertigen, außerdem Harfen und Gitarren. Mehr als 2.000 Instrumente hat er insgesamt gebaut. Sein Sohn Helmut begleitet gern Besucher durch die Welt seines Vaters: »Renommierte Profimusiker sind erstaunt und begeistert über die hohe Qualität der Geigen!« Als Lexer 1951 unheilbar krank schien, baute er eine schwarze Geige. Sie sollte ihm ins Grab mitgegeben werden. Doch er wurde operiert und geheilt. Als er dann 30 Jahre später starb, dachte niemand mehr an den Wunsch. Und so ist auch dieses besondere Instrument im Museum zu bestaunen.

Adresse Liesing 15, 9653 Lesachtal | Anfahrt B 111 von Kötschach-Mauthen das Lesachtal entlang bis Liesing fahren, das Geigenbaumuseum liegt im Ort rechts direkt an der Straße | Öffnungszeiten Juli–Sept. Di 10–11.30 Uhr, Do 19–20.30 Uhr, für Gruppen ab fünf Personen jederzeit nach Vereinbarung, Tel. 0664/2141651 | Tipp Gegenüber dem Geigenbaumuseum steht ein Denkmal für Matthias Lexer (1830 hier geboren, 1892 in Nürnberg gestorben), der Professor für deutsche Sprache und Literatur an den Universitäten Freiburg/Breisgau, Würzburg und München war und nicht nur bei Germanisten bekannt ist für sein »Mittelhochdeutsches Handwörterbuch«.

52 Die Basilika Maria Schnee

Wildromantischer Wallfahrtsort im äußersten Westen

Was war das doch für eine Aufregung, als im Jahr 1986 Papst Johannes Paul II. der Wallfahrtskirche Maria Schnee als erster Kirche in Kärnten den Ehrentitel Basilika minor, also kleine Basilika, verlieh, um ihre Bedeutung auch über die Landesgrenzen hinaus hervorzuheben (die zweite Kärntner Basilika minor wurde später Maria Loreto in St. Andrä im Lavanttal). Wie anderenorts auch fußt die Gründung der Wallfahrtskirche auf einer Marienerscheinungslegende. Die Gottesmutter soll im Jahr 1513 der armen Bäuerin Helena im Traum das Errichten einer Kapelle ans Herz gelegt haben. Bald danach begann die Verehrung des ersten Bildstocks, 1515 startete der Kirchenbau. Und so kommen inzwischen seit mehr als 500 Jahren Pilger aus ganz Kärnten, Salzburg, Tirol, Slowenien und Italien, um Schutz und Heilung zu erbitten. Speziell vom friulanischen Ort Sappada führt ein uralter Pilgerweg nach Maria Luggau. Immer am dritten Wochenende im September gehen Wallfahrer – oft mehr als 500 Personen – über die Karnischen Berge mit dem 2.314 Meter hohen Passo di Sesis nach Maria Luggau. Sie müssen gut zu Fuß sein, denn sie sind acht Stunden unterwegs. In einer Richtung wohlgemerkt, und dann müssen sie ja auch wieder zurück.

Der spätgotische Kirchenbau aus dem 16. Jahrhundert geht auf Bartlmä Firtaler zurück, also jenen Baumeister aus dem Südtiroler Ort Innichen, der im nahen Kötschach-Mauthen im Gailtal sowohl die Pfarrkirche als auch die Filialkirche Laas errichtet hat. Allerdings wurde in Maria Luggau das Kircheninnere barockisiert, und so ist das für Firtaler typische ornamentale Schlingrippengewölbe nur noch im Vorraum zu sehen. Seit 1635 kümmern sich Servitenmönche um Kirche und Kloster. Ein viele Jahre vernachlässigter Klostergarten ist seit 2013 nach historischem Vorbild wiederbelebt. Der kleine, Spatzentempel genannte Pavillon in der Mitte diente ursprünglich als Empfangsraum für Pilger, ehe er Zentrum der barocken Gartenanlage wurde.

Adresse Basilika Maria Schnee, Maria Luggau, 9655 Lesachtal | **Anfahrt** von Kötschach-Mauthen die B 111 das Lesachtal entlangfahren fast bis zur Grenze zwischen Kärnten und Osttirol | **Öffnungszeiten** Kirche täglich ab 7 Uhr bis nach der Vorabendmesse (diese beginnt im Sommer um 19 Uhr, im Winter um 18 Uhr), Klostergarten Mai–Okt. täglich 9–18 Uhr | **Tipp** Hinter der Kirche führt der Mühlenweg zum Trattenbach, wo fünf alte, aber funktionstüchtige hölzerne Wassermühlen stehen – typisch für das Lesachtal.

53 Der Brot-Mittelpunkt

Wenn Rosa Lanner den Sauerteig ansetzt …

Selbstversorgung war stets angesagt im Lesachtal, einer zum Teil ziemlich schwer zugänglichen Gegend. Schließlich liegen die Bauernhöfe auf bis zu 1.400 Meter Höhe. Deshalb wird hier vielerorts Brot gebacken. Es ist ein ganz besonderes Brot, von der UNESCO zum immateriellen Kulturerbe ernannt und von Slow Food als schützenswertes, traditionelles Qualitätsprodukt ausgezeichnet. Nachhaltigkeit ist da auf allen Ebenen angesagt. Nur Getreide, das nach biologischen Kriterien angebaut wird, kommt zum Einsatz. Ausschließlich aus Natursauerteig entstehen die duftenden Laibe.

Rosa Lanner, Jahrgang 1939, ist eine der Meisterbäckerinnen im Tal, die diese Tradition hochhalten. Lange hat sie als Chefin des Hotels Wanderniki der Familie Lanner die Gäste mit ihrem Brot verwöhnt. Doch auch jetzt als Seniorchefin ist sie noch mit viel Elan dabei, erst den Sauerteig aus einer Mischung von Roggen- und Weizenmehl sowie Wasser anzusetzen (Sauerteig macht das Brot locker und gut verdaulich), dann Roggenschrot, Leinsamen, Sonnenblumen- und Kürbiskerne sowie Gewürze dazuzukneten, den Teig ruhen zu lassen, Brotlaibe zu formen, den Teig wieder aufgehen zu lassen und dann in den Backofen zu schieben. Wenn sie das Brot nach etwa einer Stunde herausholt, ist ihr die Freude deutlich anzumerken, wohl nicht nur des herrlichen Duftes wegen. Ihre 60-jährige Brotbackerfahrung ist auch am vorzüglichen Geschmack unschwer zu erkennen.

Die Lanner-Oma, wie Rosa auch liebevoll genannt wird, zählt zu jenen Frauen des Lesachtals, die ihr Wissen in Brotbackkursen gern weitergeben. Wenn die Nachwuchsbäcker das Tagwerk geschafft haben, dann heißt es: »Jetzt gibt's eine Morende!«, womit eine Jause aus Selbsterzeugtem wie Schinken, Speck, Käse und dem frischen Brot gemeint ist. Das Wort Morende zeigt, wie nahe Italien ist, denn jenseits der Grenze in Friaul heißt die Jause merenda.

Adresse Alpenhotel Wanderniki, Obergail 3, 9653 Lesachtal, www.wanderniki.at | **Anfahrt** von Kötschach-Mauthen die B 111 im Lesachtal über den Ort Liesing hinaus fahren, dann zweigt links eine schmale Straße nach Obergail ab, der Beschilderung Wanderniki folgen | **Tipp** Auf dem Brot- und Morendenweg, einem Rundwanderweg, den man beim Wanderniki beginnen kann, lassen sich im Zuge einer etwa dreieinhalbstündigen Wanderung verschiedene Produzenten und Spezialitäten der Gegend kennenlernen, zum Beispiel im Mühlenstüberl die sogenannten »Stockplattlan« aus gebackenem Germteig mit einer Fülle aus Kletzen (gedörrten Birnen).

54 Die singenden Bäume

Wenn Holz als Kunst lebendig wird

»Mein Bruder ist ein Maler«, so sang einst Udo Jürgens und meinte damit tatsächlich seinen Bruder Manfred Bockelmann, der als bildender Künstler Erfolg hat. Bockelmann lässt Bäume »singen« in seiner Installation aus acht Stämmen, die seit 2019 im Skulpturenpark der Holzbaufirma Gasser steht. »Tritt in den Kreis und höre das Lied der Bäume« steht dort zu lesen. Und kaum macht der Besucher das, ertönt aus den vier Meter hohen Stämmen Vogelgezwitscher, abrupt unterbrochen vom Lärm einer Motorsäge. Das schmerzvolle Geräusch eines fallenden Baumes geht über in Rhythmen von Schlaginstrumenten, Singstimmen und Saxophon, immer wieder vermischt mit Tönen aus der Natur, ehe die Geräusche in die Klänge eines deutschsprachigen und zweier slowenischsprachiger Kärntnerlieder übergehen. Gebannt und berührt steht der Besucher in der Mitte des Baumkreises, der durch die Lautsprecher in den Stämmen acht Minuten lang zum Leben erweckt wird. Gemeinsam mit dem Saxophonisten Edgar Unterkirchner hat Bockelmann die Klanginstallation gestaltet. Die Seele der Menschen berühren, das will Manfred Bockelmann mit seinen singenden Bäumen. Er, Jahrgang 1943, und sein Bruder Udo Jürgens (1934–2014) sind in Klagenfurt geboren worden und im nahen Schloss Ottmanach aufgewachsen. Heute lebt Bockelmann in Kärnten, Wien und München. Seine Gemälde, Zeichnungen, Fotos und Installationen werden in ganz Europa gezeigt. Für den Skulpturenpark Gasser hat Manfred Bockelmann schon 2012 gearbeitet: Der riesige Wurzelstock einer Esche ist verfremdet mit intensiv blauer Farbe. Die Relativität der Wahrnehmung wird so bewusst gemacht.

Der Skulpturenpark Holzbau Gasser wächst stetig. 1994 haben Ingrid und Franz Gasser eine Kulturwerkstatt in den Betrieb integriert. Kärntner Künstler bekommen durch diese mehrfach preisgekrönte Initiative Gelegenheit, sich mit dem lebendigen Material Holz auseinanderzusetzen.

Adresse Holzbau Gasser, Edling 25, 9072 Ludmannsdorf-Bilčovs, https://holzbau-gasser.at | **Anfahrt** von Klagenfurt die B 91 (Loiblpass-Bundesstraße) bis Lambichl fahren, dort rechts auf die L 99 abbiegen und dieser bis Ludmannsdorf folgen | **Öffnungszeiten** Der Skulpturenpark liegt direkt an der Straße und ist immer zugänglich. | **Tipp** Freunde von Modelleisenbahnen können in Köttmannsdorf (Sonnenhangstraße 6A) eine große Anlage bestaunen. Die Tage, an denen die Schauanlage in Betrieb ist, lassen sich nachlesen auf http://www.carinzia.net/betrieb.htm.

55 Die Tauernbahn

Quer durchs Gebirge und durch die Geschichte

Kaiser Franz Joseph reiste in seinem Hofwagen an und eröffnete am 5. Juli 1909 die Bahnverbindung durch die Hohen Tauern von Badgastein in Salzburg über Mallnitz in Kärnten nach Spittal an der Drau. Acht Jahre war gebaut worden, um diese direkte Anbindung Österreich-Ungarns und Süddeutschlands an den Hafen von Triest zu ermöglichen. Es ist eine Alternative zur Südbahn, die von Wien über Laibach an die Adria führt. Es war einst eine eingleisige Strecke, nur der etwa acht Kilometer lange Scheiteltunnel wurde zweigleisig gebaut. An seinem Südportal nördlich des Ortes Mallnitz sind des Kaisers Name, Krone und die Jahreszahl 1909 noch zu sehen.

Bis heute ist die Tauernbahn eine der wichtigsten Nord-Süd-Strecken Europas. Sie ist seit der Eröffnung der Tauern-Autobahn 1980 auch für Pkw von Bedeutung: Seit 1920 werden Autos per Bahn zwischen Mallnitz und Böckstein durch den Tauerntunnel geschleust – heute eine Ausweichmöglichkeit, um Autobahnstaus zu entgehen. Auf der Südrampe der Bahn von Mallnitz hinunter nach Obervellach hatten Reisende einst herrliche Ausblicke auf die Bergwelt. Das hat sich geändert, denn ab 1969 bekam die Strecke eine neue zweigleisige Trasse und zusätzliche Tunnels. So gehört die alte Trasse inzwischen den Wanderern und Radfahrern, auch das Viadukt über den Dösenbach. Dort hat sich am Ende des Zweiten Weltkriegs Besonderes abgespielt: In Mallnitz standen im Mai 1945 Teile des Führerzuges mit dem persönlichen Salonwagen Adolf Hitlers. Als am 7. Mai feststand, dass einen Tag später die Kapitulation in Kraft treten sollte, kam die Anordnung von Hitlers ehemaliger Adjutantur, dass der Wagen keine Siegestrophäe des Feindes werden dürfe. So fuhr man ihn mit einer Lokomotive zum bombenzerstörten Dösenbach-Viadukt. Dort wurden Sprengstoff und Benzin im Wagen verteilt, mit Handgranaten entzündet und der ausgebrannte Wagen über das zerstörte Viadukt ins Tal gekippt.

Adresse Bahnhof Mallnitz, 9822 Mallnitz | Anfahrt A 10 Abfahrt Knoten Spittal an der Drau Richtung Mölltal, auf der E 66 und der B 100 bis Lurnfeld, weiter auf der B 106 bis Obervellach, dann auf die B 105 rechts abbiegen und bis Mallnitz fahren. Zum Tauerntunnel-Südportal gelangt, wer die Ankogel-Landesstraße etwa eineinhalb Kilometer über Mallnitz hinaus fährt. Wanderung zum Viadukt Dösenbach: Vom Bahnhof in Richtung Süden nach Stappitz. Beim Gasthof Siegelbrunn den rechten Weg nehmen; bis zum Umkehrpunkt beim Haus Huber kann man auch fahren. Von hier sind es noch etwa 15 Gehminuten zur alten Trasse und dem Viadukt. | Tipp Beim Talschluss nördlich von Mallnitz befindet sich die Talstation der Bergbahn auf den Ankogel, mit der Wanderer und Skifahrer die Welt dieses 3.252 Meter hohen Berges erobern können.

56 Der Fallbach-Fall

Stürzende Wasser mit Wohlfühleffekt

Es gilt, sich Zeit zu nehmen, eine Weile zu Füßen des riesigen Wasserfalls zu beobachten, wie Tausende Liter Wasser pro Sekunde eine 200 Meter hohe Geländestufe herunterstürzen und wie Sonnenstrahlen Regenbogen entstehen lassen, zu spüren, wie erfrischend die entstehenden Sprühnebel sind. Wer das erlebt, fühlt sich wohl, sei es, weil das Naturschauspiel so eindrucksvoll ist, sei es, weil in der Nähe eines mächtigen Wasserfalls die Luft mit negativ aufgeladenen Sauerstoffmolekülen angereichert ist, wie Untersuchungen nahelegen. Dieses Elektroaerosol soll positive Wirkungen auf den menschlichen Organismus haben, besonders bei Asthma und Allergien. Wie auch immer, jeder mag selbst den Wasserfall als Gesundheitselixier einschätzen.

Der bekannte steirische Dichter Peter Rosegger (1843–1918) durchwanderte im Jahr 1902 das Maltatal und beschrieb begeistert den Fallbach-Fall mit seinen stürzenden »Tüchern und Raketenbändern« aus Wasser:

»Er ist unerschöpflich an Mannigfaltigkeit, kommt jeden Augenblick in neuen Geflechten, Strähnen, Aussprühungen, Stäubungen, Raketen herab … Regen und eiskalter Wind schlägt nieder, ein Sausen und Brausen und Donnern betäubt das Ohr … Es ist ein Lied von ewigen Dingen …«

Der Fallbach-Wasserfall ist der mächtigste in Kärnten und Österreichs höchste frei fallende Wasserfallstufe. 200 Meter, das ist höher als der Turm des Stephansdoms in Wien, der 136 Meter aufragt. Wagemutige haben Gelegenheit, neben den stürzenden Fluten einen Klettersteig zu erklimmen. Familien können sich dort, wo das Wasser ein normaler Bergbach geworden ist, in einem Erlebnispark unterhalten. Wer das Maltatal weiter entlangfährt, erlebt, dass der Fallbach der Auftakt zu einer ganzen Reihe von großartigen Wasserfällen ist: die Gößfälle, der Melnikfall, der Maralmfall und andere begründen den Namen »Tal der stürzenden Wasser«.

Adresse Fallbach-Wasserfall, Brandstatt 11, 9854 Malta | Anfahrt A 10 Abfahrt Gmünd, weiter die L 12 (Maltatal Landesstraße) über Malta bis zum Parkplatz Fallbach-Wasserfall | Öffnungszeiten Von der Straße aus ist der Wasserfall immer zu sehen, aus der Nähe über den Erlebnispark Fallbach (Mai–Sept. täglich 9–18 Uhr, Okt. 10–17 Uhr, www.erlebnispark-fallbach.at). | Tipp Jede Menge bezaubernder Esel, die man einfach gernhaben muss, lassen sich im Eselpark (kurz vor dem Ort Malta) streicheln (www.eselpark.at).

57 Die Kölnbreinsperre

Eine Mega-Staumauer im Hochgebirge

Es ist ein atemberaubender Blick für Schwindelfreie: Von der Aussichtsplattform Airwalk ganz oben an der Kölnbreinsperre sind es 200 Meter hinunter bis zur Sohle; der durchsichtige Gitterboden kann da schon für Gänsehaut sorgen. Man kann gut erkennen, dass die Staumauer doppelt gebogen ist, vertikal und horizontal. Wie eine um 90 Grad gekippte Kuppel spannt sie sich gegen die Felsen. Es muss also nicht allein das Gewicht der Mauer dem Wasser – bei Vollstau 200 Millionen Kubikmeter – standhalten. Der Druck wird auch nach rechts und links in die Hänge abgeleitet. Von 1971 bis 1977 errichtet, ist das Bauwerk nicht nur die höchste Talsperre Österreichs, sondern auch eine der meistbelasteten Bogenmauern Europas.

Das Innere der Sperre mit einer Führung zu entdecken ist nicht nur für Freunde der Ingenieurskunst spannend. Die Neonröhren verbreiten kühles Licht, die Lufttemperatur beträgt das ganze Jahr etwa acht Grad Celsius. Steile Stiegen und ein Ein-Mann-Lift führen hinunter zu den fünf Kontrollgängen. Die Techniker sagen: Die Mauer lebt. 6.800 Messpunkte und senkrechte Lote dienen der Kontrolle von Druck, Temperatur und Mauerbewegungen. Bei Vollstau verschiebt sich die Mauerkrone um etwa zwölf Zentimeter. Durch den Wasserdruck tritt Sickerwasser ein. »Nicht bedrohlich«, beruhigt der Führer die Besucher, »sieben bis acht Liter pro Stunde sind normal.« Es gab aber Zeiten, da hatten die Techniker durchaus Sorgen. Beim ersten Vollstau 1977 erwies sich die Mauer als undicht, sie musste verstärkt werden. Auch 1989 signalisierten die Messstellen Probleme. So wurde bis 1994 auf der Talseite eine Stützkonstruktion aus 460.000 Kubikmetern Beton errichtet, entworfen vom Schweizer Bauingenieur Giovanni Lombardi, einem der damals international besten Spezialisten für Bogentalsperren. Seitdem bewährt sich die Kölnbreinsperre als Herzstück der Kraftwerksgruppe Malta-Reißeck.

Adresse Malta-Hochalmstraße, 9854 Malta | **Anfahrt** A 10 Abfahrt Gmünd, der L 12 (Maltatal Landesstraße) und dann der kurvenreichen, 14 Kilometer langen Malta-Hochalmstraße (Maut!) bis zur Staumauer auf 1.900 Meter Seehöhe folgen | **Öffnungszeiten** Die Mautstraße ist von Anfang Mai–Ende Okt. geöffnet, Staumauerführungen 10–17 Uhr zu jeder vollen Stunde | **Tipp** Neben der Staumauer befindet sich nicht nur ein Hotel (www.berghotelmalta.at), sondern in der Verbund Energiewelt Malta sind auch der Bau der Staumauer und das Funktionieren der Kraftwerksgruppe mit vielen Erläuterungen und historischen Fotografien dokumentiert (www.verbund.com/malta).

58 Der Dom

Modestus, Maria und der Teufel

Ohne den Dom von Maria Saal gäbe es vielleicht die Autorin dieser Zeilen nicht: Die Eltern haben 1954 hier geheiratet. Weshalb die Familie die große und doch heimelige Kirche oft besuchte. Die Kirchenburg mit ihrer mächtigen Doppelturmfassade stammt in der jetzigen Form aus dem 15. Jahrhundert. Der Dom birgt am barocken Hochaltar eine gotische Madonnenfigur, das Gnadenbild, eine »Magna Mater Carinthiae«. Früher wurde die Aufmerksamkeit von Kindern oft auch auf seltsame Spuren im Steinboden der Vorhalle nahe dem Südeingang gelenkt: »Schau, der Tritt des Teufels!« Heute fehlen Hinweise auf diesen Abdruck. Ist es vielleicht die kleine Bocksklaue im Stein nahe dem Mittelpfeiler? Die Sage dazu lebt: Eine arme junge Bäuerin, verliebt in einen reichen Bauernsohn, soll einen Pakt mit dem Teufel geschlossen haben, um von den künftigen Schwiegereltern akzeptiert zu werden. Am Tag der Hochzeit habe ihr der Teufel in der Kirche aufgelauert. Sie sei voller Schrecken in den Beichtstuhl geflohen, wo der Priester sie gesegnet habe. So habe der Böse verschwinden müssen, allerdings nicht ohne seinen Fußtritt zu hinterlassen.

Der erste Dom an dieser Stelle gilt als älteste Kirche Kärntens und wurde im 8. Jahrhundert vom heiligen Modestus gegründet. Ein Tischaltar über dem Grab des Heiligen stammt noch aus dieser Zeit. Die Kirche war stets der Maria geweiht. Die Teufelslegende hat ein Gegenstück in der Legende zum Gnadenbild. Eine Madonnenstatue sollte von Böhmen nach Maria Loreto in Italien (nahe Ancona) gebracht werden, doch die Zugtiere hätten sich hier geweigert weiterzugehen.

Der heutige Bau sowie die Lichtsäule und der Karner daneben sind schöne Beispiele alpenländischer Gotik. »Maria Saalerin« heißt die Glocke, die mit mehr als zwei Metern Durchmesser und etwa 6.600 Kilogramm die größte Kirchenglocke Kärntens ist, gegossen im 17. Jahrhundert aus Bronze türkischer Kanonen.

Adresse Pfarre Maria Saal, Domplatz 1, 9063 Maria Saal, www.kath-kirche-kaernten.at/mariasaal | **ÖPNV** von Klagenfurt Hauptbahnhof-Busbahnhof fährt der Postbus 5371 (Richtung St. Veit) nach Maria Saal | **Anfahrt** auf der S 37 von Klagenfurt in Richtung St. Veit an der Glan bis zur Abzweigung Maria Saal | **Tipp** Im Freilichtmuseum Maria Saal stehen historische Bauernhäuser aus ganz Kärnten, unter anderem das Bodnerhaus, das älteste in Blockbauweise errichtete Gebäude Österreichs (https://landesmuseum.ktn.gv.at/standorte/kfm).

59 Tanzenberg

Valentin Omans fesselnde Menschen-Bilder

Figuren, die aus den Wänden herauszutreten scheinen, übereinandergestellte Prozessionen in Richtung Altar, lauter farbige, formal reduzierte und doch individualisierte Körper – diese Wandbilder nehmen einen im Chorraum der Kirche von Tanzenberg gefangen. Der Kärntner Künstler Valentin Oman (geboren 1935) hat sie von Mai 1986 bis Juni 1987 gestaltet und »Requiem für den Homo sapiens« genannt. Es ist zweifellos eines seiner wichtigsten Werke, das diese neuromanische Kirche neben dem Renaissanceschloss prägt. Der Mensch inmitten der Spannungsfelder und Widersprüche seines Lebens ist seit jeher Omans Hauptthema. Als Angehöriger der slowenischen Kärntner Minderheit hat er selbst viel davon erfahren. Auch in seiner Schulzeit hier in Tanzenberg. Von 1950 bis zur Matura 1958 besuchte Oman dieses ursprünglich zur Ausbildung von Priesternachwuchs gegründete Gymnasium mit Internat. Doch er wählte den Weg zur Kunst, studierte Malerei an der Akademie für Angewandte Kunst in Wien und Druckgrafik in Ljubljana.

Die Tanzenberger Wandbilder sind al secco, also auf trockenen Grund, gemalt. Oman überklebt die Malschichten mit Gaze, die er nach dem Eintrocknen wieder abzieht. Dabei werden immer wieder Teile der Malschicht mit abgerissen. Mehrfach wird dieser Prozess wiederholt. Das gibt den Figuren reliefartige Tiefe. Durch diese Technik will der Künstler auch die Vergänglichkeit spürbar machen, dem Betrachter aber ebenso ermöglichen, den Aufbruch zu Neuem zu erkennen. Außer diesen Wandbildern stammen von Valentin Oman auch das Hochaltarbild sowie zwei Wandbilder in den Apsiden der Seitenschiffe. Und an den Wänden des Kirchenschiffs ist sein »Piraner Kreuzweg« zu sehen: 14 große Bilder, gemalt auf Holztafeln ab 1991 im slowenischen Küstenort Piran unter dem Eindruck des Balkankrieges, mit eingearbeiteten Zeitungsausschnitten bei den Balken der griechischen Kreuze.

Adresse Kirche des Marianums Tanzenberg, Tanzenberg 1, 9063 Maria Saal | **ÖPNV** vom Hauptbahnhof Klagenfurt mit dem Bus 5371 bis Haltestelle Tanzenberg Gymnasium | **Anfahrt** von Klagenfurt auf der S 37 in Richtung Sankt Veit an der Glan, bei der Abzweigung Maria Saal abfahren und der Beschilderung Tanzenberg folgen | **Tipp** Das Schloss Tanzenberg neben der Kirche zählt trotz vieler baulicher Veränderungen mit dem schönen Arkadenhof zu den wichtigen Renaissancebauten in Österreich. Ein Wappenstein des Salzburger Erzbischofs Leonhard von Keutschach mit der Jahreszahl 1511 erinnert an den Ausbau der ursprünglichen Burg zum Schloss.

60 Das Türk-Grabmal

Auch Kärnten hatte einen Andreas Hofer

Was hat der Mann in den Franzosenkriegen für eine unglaubliche Energie entwickelt! Sein Leben gäbe genug Stoff für einen Film à la James Bond. »Mensch, nutze dein Dasein und verdiene dir ein ruhiges Sterben« steht auf dem dreiseitigen Obelisk aus weißem Marmor, dem Grabdenkmal Johann Baptist Türks im Kirchhof neben dem Chor des Doms von Maria Saal, zu lesen. Genutzt hat der Mann sein Leben mehr als intensiv.

Dabei hätte Johann Baptist Türk als gelernter Buchbinder und späterer Buchhalter ein ruhiges Dasein haben können. Aber er wählte Kampf und Lebensgefahr im Tiroler und Kärntner Freiheitskampf zwischen 1796 und 1813: als Soldat in einem Scharfschützenregiment seines Heimatlandes Tirol, wo er 1775 in Innsbruck geboren wurde; als immer wieder trickreicher Kundschafter, speziell um Stellungen der Truppen Napoleons auszuforschen; als Organisator und unermüdlicher Kommandant des Kärntner Landsturmes ab 1809; als Schmuggler von Geld und Waffen; als Geheimkurier für Erzherzog Johann und Kaiser Franz I.; als Spion zwischen Triest und Kärnten in den Diensten des Fürstbischofs von Gurk, Franz Xaver Graf von Salm-Reifferscheidt. Türk war 1801 von Tirol nach Kärnten übersiedelt und als Buchhalter in der Eisenhandlung des Fürstbischofs in Klagenfurt tätig.

»Kärntens Andreas Hofer« wird Johann Baptist Türk genannt, ein Freiheitskämpfer wie der Tiroler Hofer, allerdings ohne dessen internationale Berühmtheit. Als 1809 Napoleons Sieg über Österreich in den Friedensschluss von Schönbrunn mündete, traf Türk Andreas Hofer in Matrei in Osttirol und bot ihm an, ihn nach Kärnten in Sicherheit zu bringen. Hofer lehnte ab und wurde 1810 in Mantua erschossen. Türk entging solch einem Schicksal. Er heiratete die Gutsbesitzerstochter Theresia Leitgeb und lebte mit ihr auf dem landwirtschaftlichen Anwesen Schloss Töltschach bei Maria Saal. Dort starb er 1841 im 66. Lebensjahr.

Adresse Kirchhof des Doms, 9063 Maria Saal | **ÖPNV** von Klagenfurt Hauptbahnhof-Busbahnhof fährt der Postbus 5371 (Richtung St. Veit) nach Maria Saal | **Anfahrt** auf der S 37 von Klagenfurt in Richtung St. Veit an der Glan bis zur Abzweigung Maria Saal | **Tipp** Wer von Maria Saal auf der L 86 weiter Richtung Arndorf fährt, sieht nordöstlich des Ortes das Schloss Töltschach (den Alterssitz Johann Baptist Türks), ein schönes Gutsgebäude des 16./17. Jahrhunderts, das nach wie vor ein landwirtschaftlicher Betrieb ist.

61 Die Hubertuskirche

Das Mausoleum des Kaufhauskönigs Horten

Ein wenig versteckt steht ein zeltartiger Bau in Sekirn oberhalb der Südufer-Straße entlang des Wörthersees. Das große dreieckige Wandfeld über dem Eingang ist gestaltet von den Künstlern Thaddäus und Cornelius Kolig, Sohn und Enkel des berühmten Malers des Nötscher Kreises Anton Kolig. Es zeigt den heiligen Hubertus, den Schutzpatron der Jäger. Ihm ist die Kirche geweiht. Doch sie ist vor allem das Mausoleum eines Mannes, der rund um die Welt seiner Jagdleidenschaft frönte und dessen Reichtum legendär ist: Helmut Horten (1909–1987), der berühmte deutsche Kaufhauskönig, ist hier bestattet. Er selbst hatte 1976 diese Hubertuskirche als seine letzte Ruhestätte errichten lassen.

Horten liebte den Wörthersee, kaufte in den 1950er Jahren die ehemalige Villa Windischgrätz, auch Schloss Sekirn genannt, und modernisierte den Jahrhundertwendebau. Wären nicht die hohen Bäume, ließe sich von der Kirche direkt zum Schloss am See schauen. Es ist nach wie vor einer der Wohnsitze von Hortens zweiter Frau Heidi. Er hatte sie in einer Hotelbar in Velden kennengelernt und 1966 geheiratet. Ihr hinterließ er sein gesamtes Vermögen.

Viel wurde darüber berichtet, dass er den Grundstein dafür in der Nazizeit im Zuge der Arisierung jüdischer Kaufhäuser legte. Aber eine Wirtschaftswunder-Karriere machte ihn nach dem Krieg zu einem der einflussreichsten Unternehmer Deutschlands. Erst als er seine etwa 50 Warenhäuser verkaufte und sein Vermögen steuerschonend (aber legal) in die Schweiz transferierte, verlor er Sympathien.

Seine Witwe Heidi Horten ist nach wie vor eine der reichsten Frauen Europas. Das Wirtschaftsmagazin Forbes setzte sie 2020 mit etwa drei Milliarden US-Dollar, also etwa 2,7 Milliarden Euro Vermögen, auf Platz 680 der Liste der Reichsten der Welt. 2015 heiratete sie Carl Anton Goëss, der ein Graf wäre, wäre in Österreich der Adel nicht abgeschafft.

Adresse Helmut-Horten-Straße 959/2, Sekirn, 9081 Maria Wörth | Anfahrt von Klagenfurt auf der B 83 (Villacher Straße) Richtung Wörthersee fahren, an der Ampel bei Minimundus (der Welt im Kleinen) links auf den Südring abbiegen und auf der Süduferstraße Richtung Maria Wörth bis Sekirn fahren, dort beim Schild »Hubertuskirche« abbiegen, gleich links steht der moderne Bau | Öffnungszeiten Die Kirche ist nur von außen zu besichtigen. | Tipp Die Halbinsel von Maria Wörth mit der gotischen Kirchenanlage, deren Krypta Reliquien der Märtyrer Primus und Felician birgt, zieht seit Jahrhunderten die Besucher an. Vom 8. Jahrhundert bis etwa 1500 gehörte Maria Wörth zum Bistum Freising.

62 Der Totentanz

Bunte Bilder der Vergänglichkeit

»Kommt her, ihr Edelmann, ihr müsst die Stärke zeigen mit dem Tod, der niemanden schont …« Mit diesen Worten greift der Tod, dargestellt als verwesender Körper, dem erschreckten Edelmann an die Schulter. Von Papst und Kaiser bis zum Bauern, jeden ruft der Tod gnadenlos zum Tanz. Alle Menschen sind vor dem Tod gleich, lautet die Mahnung; die Vergänglichkeit wird sichtbar, leicht fasslich im Mittelalter auch für die wenig gebildeten Menschen.

Der Metnitzer Totentanz umzieht die Außenmauer des achteckigen Karners bei der Pfarrkirche von der Eingangstür ausgehend, nach rechts fortlaufend etwa 50 Meter lang. Um 1500 wurden diese Fresken von einem unbekannten Künstler gemalt. Es sind 25 Figurenpaare, begleitet von vierzeiligen Texten, jeweils ein Dialog zwischen dem Tod und der Person. Nur Teile der Szenen sind erhalten. Die Originale wurden 1968 abgenommen und werden im Totentanzmuseum gleich neben dem Friedhof ausgestellt. Auf den Karner wurden 1990 Kopien beziehungsweise Rekonstruktionen gemalt. Woher die Darstellungstypen kommen, haben die Kunsthistoriker rekonstruiert: Auf Szenen eines Totentanzes in Basel in der Schweiz, um 1440 auf die Friedhofsmauer des Dominikanerklosters gemalt, basiert das sogenannte Heidelberger Blockbuch. Dieses Holzschnittbuch wurde 1465 in Basel gedruckt und bildete die Vorlage für den Metnitzer Totentanz. Er ist die älteste umfassende Darstellung dieser Art in Österreich.

Etwa ab dem 15. Jahrhundert finden sich Totentanz-Szenen überall in Europa. In dem von Metnitz etwa 280 Kilometer entfernten slowenischen Ort Hrastovlje (nahe der Grenze zu Friaul-Julisch Venetien im Karst hinter Triest) birgt die Dreifaltigkeitskirche auch einen interessanten Zyklus aus der Zeit um 1490. In Metnitz wird übrigens alle vier Jahre von den Ortsbewohnern der Totentanz szenisch als Volksschauspiel aufgeführt, ergänzt mit Kärntner Totenliedern.

Adresse Pfarrkirche St. Leonhard – Karner, Marktplatz 7, 9363 Metnitz | Anfahrt nördlich von Friesach von der B 317 ins Metnitztal abbiegen, der Landesstraße L 62 bis Metnitz folgen | Öffnungszeiten Der Karner ist immer zugänglich, Totentanzmuseum: 1. Mai – 30. Sept. 10 – 12 und 14 – 17 Uhr, Okt. 10 – 12 und 14 – 16 Uhr oder nach Vereinbarung (www.totentanz.eu) | Tipp In Metnitz am Marktplatz 2 hat der letzte Kärntner Hutmachermeister, Josef Kollmann, seine Werkstatt und sein Geschäft. Kunden kommen aus ganz Österreich und Deutschland, um sich von ihm ihren Lieblingshut maßanfertigen zu lassen (www.hut-kollmann.at).

63 Das Granattor

Edelsteingeschichte mit Aussicht

Ein eisernes Tor gefüllt mit Granatgestein steht auf der Millstätter Alpe auf 2.063 Meter Höhe. In das Metall sind Sätze gestanzt, die vom Granat erzählen, dem roten Edelstein. Denn die Berge nördlich des Millstätter Sees bargen und bergen das größte alpine Vorkommen an rotem Almandin, dem am häufigsten vorkommenden Mineral aus der Gruppe der Granate. Wer hier heraufkommt, wird am Weg nicht nur von Lärchen, Fichten, Kühen und – je nach Jahreszeit – Almrausch, Enzian, Pilzen und Preiselbeeren begleitet, sondern auch von Granaten. Denn im Glimmerschiefer sind immer wieder dunkelrote Körner zu sehen: kleine Granate. Hellrote Punkte zeigen, wo ein Granat war, der durch die Witterung bereits herausgebrochen ist. Der Name kommt übrigens vom lateinischen granum, dem Korn, und wurde erstmals 1250 vom deutschen Gelehrten und Bischof Albertus Magnus verwendet.

Es empfiehlt sich, die Hosentasche erst beim Abstieg mit dem einen oder anderen Stein samt Minigranat zu füllen, denn der Weg von der Lammersdorfer Hütte zum Granattor ist an sich schon schweißtreibend. Aber in etwa zwei Stunden sind die 400 Höhenmeter geschafft. Das Glücksgefühl kennt keine Grenzen, auch weil die Aussicht auf den Millstätter See hinreißend ist. Und darum sind Wanderer hier selten allein.

Der dem Millstätter See benachbarte Ort Radenthein war bis 1937 Granat-Abbaugebiet. Die »Blutstropfen der Nockberge« genannten Steine wurden an Schleifereien in Böhmen geliefert. Dort hatte die Edelsteinbearbeitung jahrhundertelang eineTradition. Seit dem 16. Jahrhundert gab es etwa in Turnov bei Prag Steinschleifereien, die heimische und importierte Edelsteine bearbeiteten. Kaiser Rudolf II. verhalf im 17. Jahrhundert dem Granatschmuck zu neuer Beliebtheit. Noch im 19. Jahrhundert blühten in Böhmen die Schleifereien. Deshalb wurde dort auch aus dem Kärntner Granat der berühmte böhmische Schmuckgranat.

Adresse Lammersdorfer Hütte, Lammersdorf 28, 9872 Millstatt | **Anfahrt** ab Millstatt oder Dellach der Beschilderung Lammersdorfer Almstraße-Granattor folgen. Wer die schmale, kurvige Bergstraße (Maut!) mit dem eigenen Auto zu befahren scheut, kann sich den Taxitransport Nockmobil organisieren (www.nockmobil.at). Von der Lammersdorfer Hütte führt der Wanderweg hinauf zum Granattor | **Tipp** In Radenthein unbedingt das Ausstellungszentrum Granatium besuchen! Zu sehen gibt es zum Beispiel ein Granatzimmer – dem berühmten Bernsteinzimmer nachempfunden –, Granatschmuck, auch welchen, den einst Adalbert Stifter seiner Frau schenkte, und eine Felswand, wo man selbst einen Granat heraushämmern darf (www.granatium.at).

64 Der Kreuzgang

Kampfplatz der Dämonen

Wenn die Benediktinermönche des Stiftes Millstatt durch ihren Kreuzgang wandelten, hatten sie stets wildes Geschehen vor Augen profan ausgedrückt: mittelalterliche Krimiszenen. In unterschiedlichsten Varianten kämpft das Gute gegen das Böse. Die marmornen Säulenkapitelle und -basen der Fensteröffnungen und die Skulpturen am Tor entführen in eine Fabelwelt voller Symbole. Um 1130/1140 sind sie entstanden, lauter Meisterwerke romanischer Plastik. Da lauern Basilisken, Schlangen, Drachen und Dämonen mit weit aufgerissenen Augen. An dem Tor, durch das die Mönche einst die Kirche betraten, werden rechts und links zwei grimmige Säulenträger jeweils von einer Frau am Bart beziehungsweise mit einer Kette festgehalten, Symbole für das Bändigen des Heidentums durch die Kirche. An der Ostseite, wo einst der Kapitelsaal an den Kreuzgang grenzte, ragt bei einer auffallenden Doppelsäulenbasis eine Säule aus dem aufgerissenen Maul eines Löwen. Auf seinem Rücken ist eine Figur, die den Löwen offenbar in den Schwanz beißt und auf dem Rücken die zweite Säule trägt. Der Löwe, in mittelalterlichen Skulpturen fallweise als Symbol des Bösen, aber auch des Guten eingesetzt, stellt hier wohl auch die Kirche im Kampf mit der Sünde dar. Damit wiederholt sich ein Motiv des romanischen Hauptportals der Kirche. Dort soll der Löwe den dunklen Mächten den Eintritt verwehren; die Ornamente rundum legen die eingearbeiteten dämonischen Köpfe gleichsam in Fesseln. Ein Meister Rudger war der Künstler dieses Portals, eines der schönsten in Österreich. Er und andere haben auch im Kreuzgang gearbeitet.

Nach den Benediktinern waren ab 1469 die St. Georgsritter die Herren des Stiftes, ab 1598 die Jesuiten. Sie ließen die Figuren im Kreuzgang mit Kalkmörtel überziehen, um nicht mehr die »unheiligen Antlitze« ansehen zu müssen. Erst 1878 wurden diese außergewöhnlichen Kunstwerke wieder freigelegt.

Adresse Stift Millstatt, Stiftgasse 1, 9872 Millstatt | **Anfahrt** A 10 Abfahrt Knoten Spittal-Millstatt, der B 98 über Seeboden bis Millstatt folgen | **Öffnungszeiten** Der Kreuzgang ist immer zugänglich, Stiftsmuseum: 15. Mai – 20. Aug. täglich 11 – 16 Uhr, Di Ruhetag | **Tipp** Vor dem Eingang in das Stift steht rechts eine 1.000-jährige Linde, bei der schon 1246 eine Gerichtssitzung abgehalten wurde. Nach einem Brand 1984 mussten Baumchirurgen sie vor dem Zerfall retten. Eine zweite, kaum jüngere Linde mitten im Stiftshof begeistert unversehrt durch ihre enorme Größe.

65 Der Sprungturm

Ganz besondere Wasserfreuden

Ein »plastisch-konstruktiver Geniestreich«! So nannte der renommierte Architekturkritiker Friedrich Achleitner den 16 Meter hohen Stahlbetonbau. Drei Plattformen in drei, fünf und zehn Meter Höhe laden zu jeder Art von Sprung in die Fluten des Millstätter Sees ein. Eine kleine und eine große Rutsche ergänzen das Vergnügen. Den Oberbauräten Rudolf Christoph und Walter Benedikt gelang 1930 diese außerordentliche Konstruktion: Streben in Form von zwei ungefähr gleichschenkeligen Dreiecken übertragen waagerechte und senkrechte Lasten auf eine Betonrippendecke. Die beiden Ingenieure mögen auch an Gebäude in Venedig gedacht haben, als sie für das Fundament des 200 Tonnen schweren Baus etwa 60 Stämme aus Lärchenholz in den Grund des Sees rammen ließen. Dank dieses Turms wurde Millstatt, seit 1921 offiziell Kurort, in den 1930er Jahren ein beliebter Austragungsort für Wettkämpfe im Wasserspringen. Das brachte dem Ort Aufschwung, aber durch Weltwirtschaftskrise und Krieg war es bald vorbei mit den touristischen Freuden. Doch bald danach zählte der Turm wieder zu den Attraktionen an Kärntens zweitgrößtem, tiefstem und wasserreichstem See.

Auch an Sprungtürmen nagt der Zahn der Zeit. 2008 wurde der Turm zwar unter Denkmalschutz gestellt, aber 2009 aus Sicherheitsgründen gesperrt. Finanziell wurde lange um eine Generalsanierung gerungen. Die Architekten Sonja Hochgasser und Jürgen Wirnsberger übernahmen diese von oben bis unten aufwendige Aufgabe. So bekamen zum Beispiel die Holzpfähle in 41 Tauchgängen Edelstahlprothesen montiert, die unterste Stahlbetonplattform wurde verstärkt, Wendeltreppe, Bodenbeläge und Geländer auf moderne Sicherheitsstandards getrimmt, die Rutschen erneuert, alles unter der Auflage, das Erscheinungsbild möglichst zu erhalten. Das Projekt gelang. Seit 2019 kann wieder gesprungen und gerutscht werden, dass es nur so spritzt.

Adresse Millstätter Strandbad, Kaiser-Franz-Josef-Straße 213, 9872 Millstatt | Anfahrt A 10 Abfahrt Knoten Spittal-Millstatt, der B 98 über Seeboden bis Millstatt folgen, der Turm ist von der Straße aus sichtbar | Öffnungszeiten Strandbad: Mai Sa, So und Feiertage inkl. Fenstertage und ab Juni täglich 9–18 Uhr, ab 18 Uhr freier Zugang, ab 20 Uhr geschlossen | Tipp Etwas weiter östlich steht im See vor dem Schillerpark eine über vier Meter hohe Statue des slawischen Herzogs Domitian. Er soll der Gründer von Millstatt gewesen sein. Der Legende nach ließ er 1.000 heidnische Statuen (mille statuae) in den See werfen, deshalb der Name Millstatt. Die Skulptur hat 1994 der Künstler Giorgio Igne aus dem Ort Sacile in Friaul gestaltet.

66 Das Museum Liaunig

Wenn Sammeln zur Leidenschaft wird

»Mein erstes Bild habe ich als Student gekauft«, berichtet Herbert Liaunig (geboren 1945 in Radenthein). In der Folge hat er eine Riesenkarriere als Unternehmer und Sanierer großer Industriebetriebe gemacht. Die Leidenschaft für zeitgenössische Kunst ist geblieben. Bis heute. So entstand eine der wichtigsten privaten Sammlungen in Österreich. Liaunig wollte sie auch der Öffentlichkeit zugänglich machen. Also ließ er ein Museum bauen. Er hatte bereits im Zuge seiner Tätigkeiten in der Industrie stets auf die optische Qualität von Neubauten Wert gelegt, und so schrieb er für das Museum einen Wettbewerb aus. Den gewann das Wiener Architekturbüro Querkraft. Nun wurde in dem kleinen Ort Neuhaus nahe Lavamünd in Unterkärnten, wo Liaunig das Schloss restaurieren ließ und bewohnt, ein erstaunlicher Baukörper in die Landschaft gesetzt, zum Teil unterirdisch, aber aus der Vogelperspektive scheint es, als sei eine riesige Röhre aus Beton, Metall und Glas auf einen Hügel gesetzt worden. 2008 war der Bau fertig, kurz danach wurde er schon unter Denkmalschutz gestellt, 2014 erweitert und 2015 wiedereröffnet.

Wer von Lavamünd die Straße entlangkommt, sieht zunächst einen auffallenden Bauteil aus dem Hügel ragen. An den Eingangsbereich schließt links ein dreieckiger Raum für Wechselausstellungen an, am Schaudepot entlang führt der Zugang zum Hauptraum für Malerei und Plastik. Dieser ist enorme 160 Meter lang und 13 Meter breit. Natürliches Licht von oben erhellt die etwa 2.000 Quadratmeter große Ausstellungsfläche mit einer Aussichtsterrasse an jedem Ende. Wenn Liaunig sagt: »Ich sammle im Grunde alles«, dann stimmt das nicht ganz, aber doch ein bisschen. Für seine Sammlungen afrikanischer Goldobjekte und Glasperlenkunst, von europäischem Silber, antiken Gläsern, kostbaren Porträtminiaturen und Briefmarkenraritäten ist jedenfalls in weitläufigen unterirdischen Räumen viel Platz, um die Besucher zu beeindrucken.

Adresse Suha 41, 9155 Neuhaus, www.museumliaunig.at | Anfahrt entweder A2 Abfahrt Griffen, über die B80 in Richtung Bleiburg, von dort links auf der B81 nach Neuhaus, oder A2 Abfahrt St. Andrä im Lavanttal, auf der L135 (St. Pauler Landesstraße) nach Lavamünd, dort die Drau in Richtung Neuhaus überqueren | Öffnungszeiten Anfang Mai–Ende Okt. Mi–So 10–18 Uhr, Mo, Di geschlossen | Tipp Der Buchweizen, in Kärnten Had'n genannt, ist eine typische Nutzpflanze des Jauntals. In etlichen Gasthäusern der Gegend, zum Beispiel in Neuhaus im Landgasthof Hafner, werden daraus Spezialitäten zubereitet, von Hadnnudeln bis zur Hadntorte (www.hadn.info).

67 Schloss Wasserleonburg

Auch ein Ex-König flittert gern unbeobachtet

Rosa schimmern Schlossmauern am Hügel oberhalb von Nötsch zwischen den Bäumen hervor. Ruhig und unbeobachtet wohnt es sich dort auf jeden Fall. Das mag auch der Grund sein, warum hier im Jahr 1937 besonders prominente Gäste abstiegen, Protagonisten eines damals aufsehenerregenden royalen »Brexits«: Edward, Herzog von Windsor, und seine Frau Wallis Simson kamen auf Einladung des damaligen Schlossbesitzers Graf Paul von Münster aus Hannover. Am 10. Dezember 1936 hatte Edward VIII. als König von Großbritannien der Liebe wegen abgedankt, denn die geschiedene Amerikanerin Wallis Simpson war als Königin für die Briten denkunmöglich. Edward heiratete Wallis am 3. Juni 1937 im Château de Candé im französischen Loiretal, nur zwei Tage später trafen sie in Wasserleonburg zu ihren Flitterwochen ein. In der Gendarmerie-Chronik ist die Ankunft der beiden für »5.6.1937 um 0.15 Uhr« vermerkt, »zu einem dreimonatigen Aufenthalte im Schlosse Wasserleonburg«. Und: »Außer den drei Sekretären aus England bestand der Großteil der umfangreichen Dienerschaft aus Österreichern.«

Heute ist das Schloss im Besitz der Unternehmerfamilie Friederichs aus Frankfurt am Main. Heinz und Gisela Friederichs hatten es 1972 gekauft und daraus ein Schmuckstück gemacht. Seit dem Tod ihres Mannes führt Gisela Friedrichs das Gut. Das Gebäude ist mit Salzburger Lärchenschindeln gedeckt, der Innenhof mit Pflastersteinen aus Frankfurt gestaltet. Es gibt Arkadenbögen, Löwen am Eingang und eine Kapelle. Immer wieder finden hier Trauungen statt, das Schloss wird als Hochzeitsort geschätzt. Der Stall wurde zu einem Mehrzwecksaal. Haus, Garten und Park samt Marmorbrunnen aus Florenz werden von der Verwalterfamilie Millonig liebevoll gepflegt. Für Hochzeitsgäste oder ruhebedürftige Urlauber stehen vier Ferienhäuser in der Nähe zur Verfügung. Beliebt ist auch die Jagd auf dem insgesamt 1.350 Hektar großen Anwesen.

Adresse Saak 1, 9611 Nötsch im Gailtal. www.wasserleonburg.at | Anfahrt A 2 Abfahrt Hermagor verlassen, auf der B 111 Richtung Hermagor bis Nötsch fahren, im Ort der Beschilderung Saak und Wasserleonburg folgen | Tipp Von Nötsch empfiehlt es sich, auf der L 35 (Bleiberger Landesstraße) nach Bad Bleiberg zu fahren und im Schaubergwerk Terra Mystica die mit 68 Metern längste Bergmannsrutsche Europas zu erleben (www.terra-mystica.at).

68__Das Wiegelehaus

Bewegende Bilder – köstliches Backwerk

Der Duft von frischem Brot zieht durch das Gebäude. Die Bäckerei in dem hübschen gelben Haus mit den Erkern pflegt alte Traditionen und arbeitet mit Produkten der bäuerlichen Umgebung ohne künstliche Zusatzstoffe. Vielerlei rare Brotsorten liegen auf den Holzregalen, auch Reindlinge, die typischen Kärntner Hefeteigkuchen mit Rosinen und Zimt. Und nicht zu vergessen die köstlichen Schaumrollen! Die Seele des Hauses ist Hermine Wiegele, Jahrgang 1939. Den Großteil ihres Lebens hat sie hier verbracht und steht noch immer ab zwei Uhr früh in der Backstube. Ihr Sohn Witgar betreut die zugehörige Mühle, die seit 1876 in Familienbesitz ist. Tochter Michaela ist Malerin.

Das Wiegelehaus atmet nicht nur das Leben des Handwerks, sondern noch stärker das der Kunst. Besonders wegen des Malers Franz Wiegele, der hier 1887 geboren wurde. Seine Gemälde sind Ausdruck eines sehr speziellen Expressionismus. Die Figuren, Porträts, Landschaften und Stillleben vibrieren in ihrer Farbigkeit, die Zeichnungen verbinden Zartheit mit Ausdruckskraft. Rund um Wiegele bildete sich mit den Malern Sebastian Isepp (1884–1954), Anton Kolig (1886–1950) und Anton Mahringer (1886–1950) der Nötscher Kreis. Dieser lockeren, aber von ähnlichen Ideen getragenen künstlerischen Gemeinschaft ist seit 1998 ein Museum im ersten Stock des Wiegelehauses gewidmet.

Das Wissen über den Nötscher Kreis zu fördern ist ein Herzensanliegen von Hermine Wiegele, der Schwiegertochter von Franz Wiegeles Bruder Alfred. Im Museum werden wechselnde Ausstellungen mit eindrucksvollen Werken dieser Künstler gezeigt. Hinter dem Haus im Garten steht eine kleine Kapelle zur Erinnerung an Franz Wiegele. Er starb hier, als 1944 eine Fliegerbombe das Haus und sein Atelier traf. Im Nachbarhaus wurden Anton Kolig und seine Frau, Wiegeles Schwester, schwer verletzt; sie erholten sich nie mehr davon.

Adresse Nötsch 39, 9611 Nötsch im Gailtal, www.wiegelehaus.at | **Anfahrt** A 2 Abfahrt Hermagor, nach links auf der B 111 bis zur Abzweigung Nötsch, geradeaus durch den Ort, ehe die Straße nach links abbiegt, ist geradeaus das gelbe Gebäude hinter Bäumen zu sehen | **Öffnungszeiten** Bäckerei: Mi–Fr 6–18 Uhr, Sa 6–13 Uhr, Museum: nur im Sommer geöffnet, wechselnde Zeiten, Auskunft in der Bäckerei, Tel. 04256/2148 | **Tipp** Einen kleinen Spaziergang vom Wiegelehaus entfernt steht die Kirche von Saak. An ihrer Südseite ist ein Fresko von Anton Kolig (Madonna mit Engeln) zu sehen. Bei der südlichen Wand des Presbyteriums ist Kolig begraben, in der südöstlichen Ecke des Friedhofs ruht Franz Wiegele.

69 Das Triptychon

Ein Niederländer malt für eine Kärntner Gräfin

Es war eine spannende Zeit: Der Gold- und Silberbergbau blühte, was den Bürgern im oberen Mölltal Wohlstand bescherte. Kaiser Maximilian I. bestimmte 1509 den Markt Vellach zum Sitz des Oberstbergmeisteramtes in Innerösterreich.

1519 kam ein junger Mann nach Kärnten, der später einer der wichtigsten Renaissancemaler der Niederlande werden sollte: Jan van Scorel (1495–1562). Er war auf dem Weg nach Italien, um die dortige Malerei zu studieren, und wollte weiterreisen ins Heilige Land. In Obervellach kreuzte sich sein Schicksal mit dem der Gräfin Apollonia Lodron-Lang von Wellenburg, die in zweiter Ehe mit dem kroatischen Grafen Christoph Frangipani verheiratet war. Der wurde als kaiserlicher Offizier im Kampf gegen Venedig 1514 gefangen genommen. Apollonia teilte freiwillig seine Haft, erst in Venedig, dann in Mailand. Sie wollte einen Altar stiften, um die Befreiung ihres Mannes zu erbitten. Über Verwandte ließ sie dem Maler van Scorel auf Burg Falkenstein bei Obervellach den Auftrag dazu erteilen.

So entstand ein Triptychon, das ursprünglich nicht als solches geplant war. Das mittlere Bild stellt die Sippe Christi dar und war vermutlich für die Kirche des nahen Ortes Stallhofen bestimmt, die beiden Seitenteile mit den Namenspatronen Christophorus und Apollonia hingegen für die Burgkapelle. Im Frühjahr 1520 waren van Scorels Bilder fertig, und er reiste weiter. Apollonia starb im September 1520 in Mailand, ihr Mann floh und starb 1527.

Van Scorels Bilder, beeinflusst von Dürer und der Donauschule, wurden 1692 als Triptychon in einen Barockaltar eingefügt und die Flügel dabei etwas beschnitten. Dieses Jugendwerk ist das einzige signierte Bild Jan van Scorels vor seiner italienisch geprägten Phase. Die Signatur des Malers findet sich auf dem Mittelbild am Stein vor der heiligen Anna im grünen Kleid. Der junge Mann mit dem Barett in der Mitte gilt als Selbstporträt des Künstlers.

Adresse Pfarrkirche St. Martin, Obervellach 66, 9821 Obervellach (der Altar mit dem Triptychon steht in der nördlichen Seitenkapelle) | Anfahrt vom A-10-Knoten Spittal a. d. Drau über E 66, B 100 und B 106 (Mölltaler Straße) bis Obervellach fahren | Öffnungszeiten Die Kirche ist tagsüber meist geöffnet, sonst in der Pfarrkanzlei gegenüber nachfragen | Tipp Wenige Kilometer von Obervellach entfernt bei Stallhofen steht die oben genannte Burg Falkenstein (erwähnt auch im Kapitel Danielsberg). Sie ist in Privatbesitz, in Sommermonaten kann sie fallweise besichtigt werden (www.burgfalkenstein.at).

70 Die Karl-May-Fenster

Die wahre Geschichte eines fiktiven Aufenthalts

Ob Kara Ben Nemsi oder Old Shatterhand – der Schriftsteller Karl May wurde durch seine Reiseromane berühmt, doch die Reisen machte er nie, sie waren fiktiv. Das passt zu der Geschichte von zwei Glasfenstern in der Stiftskirche von Ossiach. Diese sind – gemeinsam zu einem Fenster montiert – in der südlichen Seitenkapelle zu sehen. Deutlich zu lesen sind die Worte: »Gewidmet v. Dr. Carl May u. dessen Gemalin, Radebeul Dresden 1905«.

Bis vor einigen Jahren hielt sich dazu die Überlieferung, Karl May habe sich mit seiner Gattin einen Sommer lang in Ossiach aufgehalten, hier an der Erzählung »Khong Kheou, das Ehrenwort« (später als Buch publiziert unter dem Titel »Der blaurote Methusalem«) geschrieben und 1905 der Kirche die beiden Fenster gestiftet. Derlei ist in etlichen älteren Publikationen über Ossiach vermerkt, zum Teil auch voll Stolz auf den damals bereits prominenten Gast. Allerdings werden unterschiedliche Angaben gemacht, in welchem Sommer dieser Aufenthalt stattgefunden haben soll: 1888, 1896 oder doch 1905?

Derlei Unstimmigkeiten riefen den Rechtswissenschaftler Wilhelm Brauneder auf den Plan. Er ging den Dingen penibel auf den Grund, denn er hegte Zweifel am Wahrheitsgehalt der Berichte. Das Ergebnis, beschrieben in seinem 2012 in den Mitteilungen der Karl-May-Gesellschaft veröffentlichten Artikel: Beim damaligen Pfarrer von Ossiach, Lorenz Franta, war ein Prälat Josef Heidenreich aus Wien zu Gast. Dieser ließ bei einer Spendenaktion für neue Fenster der Stiftskirche seine Kontakte spielen. Heidenreich kannte Karl May. Ein Briefwechsel belegt, dass May einen 100-Mark-Schein für zwei kleinere Glasfenster geschickt hat. Im Übrigen tragen alle Fenster der Stiftskirche, die im Zuge dieser Spendenaktion beschafft wurden, die Jahreszahl 1905.

Das heißt: Karl May war nie persönlich in Ossiach. Wieder einmal eine fiktive Reise des Autors erfundener Reiseabenteuer.

Adresse Stift Ossiach, Ossiach 1, 9570 Ossiach, www.pfarre-ossiach.at | **Anfahrt** Autobahn A 10 Abfahrt Villach-Ossiacher See, auf der B 94 bis zur Abzweigung L 49 (Ossiachersee Süduferstraße), dieser folgen bis Ossiach | **Tipp** An der Nordwand der Stiftskirche befindet sich das Grabmal des sagenumwobenen Polenkönigs Boleslaus II. Er soll im 11. Jahrhundert hier im Kloster lange unerkannt als »stummer Büßer« niedrigste Dienste verrichtet haben, nachdem er den Bischof von Krakau getötet hatte.

71 Die Pferde am Tauern

Grüne Idylle mit prächtigen Norikern

Dichter Wald, hübsche Bauernhöfe, Wanderwege – der Höhenzug Ossiacher Tauern zwischen Wörthersee und Ossiacher See ist eine Oase der Ruhe. Mittendrin auf 926 Meter Seehöhe öffnet sich eine von Wiesen überzogene, weite Hochfläche. Dort stehen das Tauernkircherl (1290 erstmals urkundlich erwähnt, 1519 neu errichtet), zwei Wohngebäude und riesige Ställe. Dieser Gutsbetrieb ist als Aufzuchthof für Hengste eine der traditionsreichsten Pferdeinstitutionen in Österreich.

Wer von hier den Tauernweg Richtung Osten spaziert und nach etwa 100 Metern auf den Weg rechts abbiegt, gelangt binnen Kurzem zu der Koppel, auf der sich junge Norikerhengste und auch einige Haflinger austoben. Lauter prächtige Tiere, im Alter von sechs Monaten speziell ausgewählt und für würdig befunden, hier zwei Jahre lang aufgezogen zu werden.

Auf dem Gebäude des ehemaligen Pfarrhofs findet sich ein Wappenstein mit drei Fischen des Ossiacher Abtes Caspar Rainer, denn das Gut namens Tauernmeierei gehörte zum Benediktinerstift Ossiach. Es diente der Versorgung des Klosters. Als Kaiser Joseph II. das Stift 1783 auflöste, kam das Anwesen in Staatsbesitz und ab 1816 in militärische Verwaltung, vor allem zur Zucht von Artillerie-Zugpferden. 1910 pachtete die Landesregierung die Tauernmeierei, um Landwirten die Pferdezucht zu erleichtern. Bis 1915 wurden etwa 10.000 Junghengste aufgezogen. 1916/1917 waren hier an die 100 Militärstuten untergebracht. Seit 1934 ist der Aufzuchthof im Besitz der Landwirtschaftskammer. Rinderherden grasen auf den Wiesen. Die Aufzucht der Hengste unterstützt wesentlich Züchter und Bauern. Mitte Mai ist der erste Weideaustrieb der temperamentvollen Tiere ein Spektakel für viele Zuschauer.

Daneben am malerischen Tauern-Teich halten Fischer ihre Angeln in das dunkelgrüne Wasser, auf Bänken ruhen Wanderer aus und sammeln Kräfte für die nächste Etappe durch den Wald.

Adresse Aufzuchthof Ossiacher Tauern, Tauern 1, 9570 Ossiach (Postadresse: 9650 Feldkirchen) | **Anfahrt** Autobahn A 10 Abfahrt Villach-Ossiacher See, auf der B 94 bis zur Abzweigung L 49 (Ossiachersee Süduferstraße), dieser folgen bis Ossiach, bei der Volksschule abbiegen und dem kurvigen Forstweg etwa drei Kilometer hinauf bis Tauern folgen | **Tipp** An der Straße, die über den Ossiacher Tauern in Richtung Wörthersee führt, liegt das Dorf Köstenberg. Es lockt alle, die im Urlaub die Vorteile der nahen Seen aus etwas ruhigerer Distanz genießen wollen. Der Ort ist die Heimat des slowenischsprachigen Dichters Andrej Kokot (1936–2012), bekannt auch als Übersetzer von Handke-Texten ins Slowenische.

72 Die Wasserharfe

Ein Symbol für lebendiges Musikleben

Es ist ein Punkt mit prachtvollem Blick auf den Ossiacher See: Umgeben von Blumen steht auf dem Hügel nahe dem Stift eine steinerne Harfe. Mehr als drei Meter ist sie hoch, Wasser rinnt oben aus Düsen und bildet die Saiten, ehe es malerisch plätschernd in ein Becken fällt. Geschaffen hat die Brunnenskulptur der Bildhauer Wilhelm Pleschberger. Der Marmor stammt aus dem Krastal. Dieses Tal verbindet das Gegendtal nahe Treffen bei Villach mit dem Drautal und birgt einen Marmorsteinbruch, der schon von den Römern genutzt wurde. Seit 1967 finden dort Bildhauersymposien statt; viele Skulpturen entlang der Krastalstraße weisen darauf hin. Dieser Marmor ist sehr beständig gegen Verwitterungen, und somit für einen Brunnen – wie die Harfe – besonders geeignet. Die Skulptur hat schließlich eine dauerhafte Aufgabe: auf die Bedeutung der Musik in diesem Ort hinzuweisen. Denn Ossiach ist der Geburtsort des Carinthischen Sommers, eines der wichtigsten Musikfestivals in Österreich. Das Gründungskonzert in der Stiftskirche spielte am 25. Juni 1969 der legendäre, in Leipzig geborene Pianist Wilhelm Backhaus. Die Einnahmen stiftete er für den Ankauf einer neuen Orgel. Am 26. und 28. Juni spielte Backhaus noch zwei Konzerte, doch am zweiten Abend erlitt er einen Schwächeanfall und starb wenige Tage später in Villach. Die nach ihm benannte neue Orgel der Stiftskirche wurde 1971 eingeweiht.

Die Liste der prominenten Künstler, die seitdem beim Carinthischen Sommer aufgetreten sind, ist lang und reicht von Claudio Abbado über Karl Böhm, Josè Carreras, Lorin Maazel, Riccardo Muti, Oleg Maisenberg, Sir Neville Marriner bis Peter Schreier und Katia Ricciarelli, um nur einige zu nennen.

Neben Ossiach und Villach sind inzwischen zahlreiche weitere Aufführungsstätten des Festivals dazugekommen. Junge Künstler werden auf vielfältige Weise durch die Musikakademie im Stift Ossiach gefördert.

Adresse Wasserharfe, auf der Grünfläche beim Stift neben der Professor-Helmut-Wobisch-Straße, 9570 Ossiach | Anfahrt Autobahn A 10 Abfahrt Villach-Ossiacher See, auf der B 94 bis zur Abzweigung Ossiachersee Süduferstraße, dieser folgen bis Ossiach | Tipp Gegenüber von Ossiach auf der anderen Seite des Sees erhebt sich die Gerlitzen Alpe. Mit den Gondeln der Kanzelbahn geht es bequem auf diesen Aussichtsberg mit Blick über den Ossiacher See. Bei Einheimischen und Gästen ist die Gerlitzen als Skigebiet im Winter ebenso beliebt wie als Wandergebiet im Sommer, desgleichen sind es die Kärntner Spezialitäten, welche die verschiedenen Almhütten zur Stärkung bieten.

73 Schloss Seefels

Was die Postkarte mit dem Jetset zu tun hat

Die Prominenz liebt Schloss Seefels seit den 1960er Jahren: Udo Jürgens genauso wie Uschi Glas, Michael Douglas, Jon Bon Jovi oder Eros Ramazotti, David Alaba oder die Formel-1-Stars waren oder sind Gäste. Doch »Das Seefels« hatte schon im 19. Jahrhundert, als es noch eine Villa war, einen prominenten Besitzer: Emanuel Hermann (1839–1902), Professor für Nationalökonomie. Der gebürtige Klagenfurter gilt als Erfinder der Korrespondenzkarte, also der Postkarte. 1869 veröffentlichte er in der Zeitung Neue Freie Presse seinen Vorschlag »über eine neue Art der Correspondenz mittels der Post«: eine offene Karte mit aufgedruckter Zwei-Kreuzer-Marke, also viel billiger als das Briefporto von fünf Kreuzern. Die Wiener Postverwaltung stieg darauf ein. Noch im selben Jahr wurden die Karten ausgegeben, und sehr rasch sollen drei Millionen Stück verkauft worden sein. Der Siegeszug um die Welt begann. So hatte Herrmann mehr Glück als der preußische Postrat Heinrich von Stephan, der 1865 eine ähnliche Idee hatte, aber wegen »sittlicher Bedenken aufgrund der offenen Lesbarkeit der Korrespondenz« abgeblitzt war.

Herrmann wurde jedenfalls bekannt und wohlhabend. Auf einer Postkarte des Jahres 1898 sind sein Porträt und ein Gedicht gedruckt, in dem er Seefels als sein Heim beschreibt. Um 1890 ließ Herrmann die Villa erbauen. Das Foto auf der Postkarte zeigt den charakteristischen achteckigen Turm im Stil der Neorenaissance, der auf der Seeseite Richtung Velden steht. Er erinnert an die vier Türme des Renaissanceschlosses in Velden, das durch einen Brand 1762 stark beschädigt, aber etwa zur Zeit des Baus der Herrmann'schen Villa wiedererrichtet wurde. Der Turm in Seefels ist erhalten geblieben, auch als in den 1960er Jahren die Villa zu dem von den Brüdern Niki und Taki Dumba betriebenen Hotel Schloss Seefels um- und ausgebaut wurde. Heute ist es ein edles Relais-&-Chateaux-Hotel.

Adresse Hotel Schloss Seefels, Töschling 1, 9212 Pörtschach/Techelsberg am Wörthersee, www.seefels.at | Anfahrt A 2 Abfahrt Pörtschach, B 83 Richtung Pörtschach bis zur Abzweigung mit Beschilderung Schloss Seefels. Oder von Klagenfurt B 83 nach Pörtschach, durch den Ort und über den Bahnübergang fahren, bald danach zum Schloss Seefels abbiegen | Tipp Gegenüber von Pörtschach bietet auf der anderen Seite des Wörthersees der Pyramidenkogel mit dem 100 Meter hohen hölzernen Aussichtsturm herrliche Ausblicke über die Seenlandschaft (www.pyramidenkogel.info).

74 Das Schell-Grab

Wie Weltruhm in die Berggemeinde kam

Ein hölzerner Bildstock steht an der Friedhofsmauer hinter der kleinen Kirche von Preitenegg auf 1.100 Meter Seehöhe. Durch ihn ist das berühmteste Grab der Gemeinde leicht zu erkennen: Hier ist Maria Schell bestattet. Für sie, die einst ein Weltstar war und Millionen Menschen mit ihrer Schauspielkunst faszinierte, ist es ein schlichter Begräbnisplatz, aber doch berührend und passend. Maria ruht hier neben ihrer Mutter, der Schauspielerin Margarethe Schell-von Noé. Deren Familie hatte auf der Hebalm, einige Kilometer vom Ortszentrum Preitenegg entfernt, 1912 ein Anwesen gekauft. Margarethe und ihr Mann, der Schweizer Schriftsteller Hermann Ferdinand Schell, hielten sich mit ihren vier Kindern Maria, Carl, Maximilian und Immy gern hier auf. Diese Liebe zu Natur und Ruhe ging auf Maria über, die besonders ihre letzten Lebensjahre zurückgezogen hier verbrachte. Sie litt an Demenz und starb 2005 in dem Bauernhaus.

Auch für ihren berühmten Bruder, den Oscar-Preisträger Maximilian Schell, war Preitenegg ein Rückzugsort, den er im Alter immer öfter genoss, gemeinsam mit seiner zweiten Ehefrau, der Opernsängerin Iva Mihanovic. Seit 2008 ein Paar, haben die beiden im August 2013 hier geheiratet. Da war er 82 und sie 35 Jahre alt. Maximilian Schell starb aber nur fünf Monate später im Klinikum Innsbruck. Die Trauerfeier fand in Preitenegg statt, Schells Sarg wurde am Grab von Schwester und Mutter gesegnet. Begraben ist er allerdings nicht dort. Er wurde eingeäschert, seine Urne ist auf dem Familienanwesen in einem Felsen bestattet, nahe einem Ahornbaum, unter dem Schell seine ersten Schritte gemacht haben soll. Ein sehr privater Ort, der nicht besucht werden kann.

In Schells Lieblingsgasthaus Hanslwirt ist aber ein Schell-Stüberl zur Erinnerung eingerichtet, und im Gemeindeamt wird eine kleine Ausstellung über den berühmtesten Ehrenbürger von Preitenegg gezeigt.

Adresse Friedhof der Kirche St. Nikolaus, Preitenegg 4, 9451 Preitenegg | **Anfahrt** A 2 Abfahrt Packsattel, auf der L 138 bis zur B 70 (Packer Bundesstraße) fahren, dort rechts Richtung Preitenegg abbiegen | **Tipp** An heißen Sommertagen bietet sich ein kleiner Abstecher in die Steiermark an: Nur etwa 14 Kilometer von Preitenegg entfernt lässt sich im Packer Stausee ein erfrischendes Bad genießen.

75 Der Danielsberg

Magischer Kultplatz seit Jahrtausenden

Wie ein Kegel erhebt sich mitten im unteren Mölltal ein 966 Meter hoher Hügel. Wer den Danielsberg erklimmt – zu Fuß oder per Pkw –, gelangt zunächst zum Herkuleshof, einem hübschen Gebäude, das 1908 Baron Ferdinand von Kaltenegger aus Brixen als Jagdhaus errichten ließ. Es ist nachempfunden der Ischler Villa von Katharina Schratt, der Geliebten Kaiser Franz Josephs. Der Baron war einer der Ingenieure der Tauernbahn, deren 1906–1909 gebaute Strecke sich am nördlichen Berghang des Mölltals entlangzieht. Er hatte schon 1897 die Burg Falkenstein bei Obervellach gleich unterhalb der Bahnstrecke erworben und ausgebaut. Dann kaufte er den Gipfelbereich des Danielsbergs. Später wechselten die Besitzer oft, heute ist der Herkuleshof ein gepflegtes Restaurant mit Gästehaus.

Den Teich daneben speist eine interessante Quelle. Bei ihr errichteten um 45 nach Christus die Römer einen Tempel für ihren Gott Herkules, der den Nemeischen Löwen tötete. Ab 313 ist dort eine christliche Kapelle nachgewiesen, dem heiligen Daniel geweiht. Er soll in einer Löwengrube sein Problem anders als Herkules gelöst haben: Gottesglaube besänftigte die Raubtiere. Schon ungefähr 6.000 Jahre früher war der Danielsberg eine Kultstätte, das beweist ein steinzeitlicher Schalenstein oben am Hügel, wo der Blick weit über das Mölltal schweifen kann. Am höchsten Punkt steht heute eine Georgskirche. Sie wurde 1127 gebaut und um 1510 erweitert. Auf ihrer Südseite ist ein Römerstein mit der Widmung des Herkulestempels eingemauert. Im Inneren erzählt ein Tafelbild in 24 Szenen von den Martern des heiligen Georg. Herkules, Daniel und Georg haben eines gemeinsam: Sie sollen Bergleute schützen. Bis etwa 1600 gab es in den Mölltaler Bergen bedeutenden Gold- und Silberbergbau. Schon für die Kelten und die Römer war der Danielsberg deshalb ein Kontrollpunkt, verbunden mit der nur 15 Kilometer entfernten Stadt Teurnia.

Adresse Danielsberg – Herkuleshof, Preisdorf 18, Kolbnitz, 9815 Reißeck | Anfahrt A-10-Knoten Spittal a. d. Drau, über E 66, B 100 und B 106 (Mölltaler Straße) bis Kolbnitz fahren, am westlichen Ortsrand beim Schild Danielsberg rechts abbiegen | Öffnungszeiten Die Kultstätten sind stets zugänglich, Herkuleshof: www.herkuleshof.at | Tipp Der nahe Ort Möllbrücke war in den Franzosenkriegen vor 1809 ein strategisch wichtiger Punkt. Auf der Fassade des Lacknerhofes direkt an der Hauptstraße sind noch Einschusslöcher aus den Kämpfen mit den Franzosen zu sehen. Eines der Fresken an dem Haus, gemalt von Switbert Lobisser (1878–1943), zeigt einen Franzosen. Darunter erinnert ein Schriftband daran, dass sich hier Kärntner gemeinsam mit Tirolern den Franzosen entgegenstellten.

76_Die Schnitzstubn

Kreativität für Aug' und Ohr

Es begann mit einem Anruf der Diözese Klagenfurt in der »Schnitzstubn«: »Der künftige Bischof mag es schlicht und wünscht sich einen Bischofsstab aus Holz.« Alfred Peitler fühlte sich sehr geehrt. Bei einem persönlichen Treffen des Schnitzers mit dem designierten Oberhaupt der Diözese wurden Entwürfe besprochen. Bestens hätten sie sich unterhalten, über Gott und die Welt geredet, erinnert sich Peitler. Das Ergebnis war ein Bischofsstab aus Oberkärntner Zirbe und Unterkärntner Linde, der in seiner schlichten Schönheit bei der Bischofsweihe im Februar 2020 Aufsehen erregte.

Alfred Peitler (Jahrgang 1956) hat in den 1980er Jahren den Beruf des Installateurs und Spenglers gegen das Schnitzen eingetauscht. Dass dieser Wechsel ihn vom Anfertigen traditioneller Buttermodeln über Heiligen- und Krippenfiguren bis zum Bischofsstab führen würde, war nicht abzusehen. Aber Erstaunliches ist ihm ja auch sonst nicht fremd. Wer rechnet schon damit, hier am Kärntner Katschberg auf Alphörner zu stoßen! Peitler stellt diese Instrumente aus Fichtenholz her und verkauft sie sogar in die Schweiz.

Was aber nicht Eulen nach Athen tragen bedeutet, auch wenn das Alphorn dort als Nationalsymbol gilt. Denn erstens waren Alphörner im 19. Jahrhundert in den österreichischen Alpen ebenso bekannt, und zweitens entwickelte Peitler das Instrument weiter, indem er es im Ansatzbereich stimmbar machte, wie bei Trompeten per Stimmzug. Und seine Alphörner lassen sich durch eine Schraubverbindung zerlegen und leichter transportieren, als es bei den vier Meter langen Stücken sonst möglich ist. Ein paar Jahre hat der kreative Schnitzer an beidem getüftelt. So erklingen nicht nur bei der Familienmusik Peitler Alphorn, Harfe, Harmonika und das hölzerne G'lachter (eine Art Hackbrett), sondern es hat sich auch seit vielen Jahren am Katschberg das jährliche Alphornbläsertreffen etabliert.

Adresse Schnitzstubn Peitler, Mühlbach 14, 9863 Rennweg am Katschberg, www.schnitzstubn.at | **Anfahrt** A 10 Abfahrt Rennweg am Katschberg, dann rechts auf der B 99 bis Mühlbach fahren, die Schnitzstubn liegt rechts an der Straße | **Öffnungszeiten** Mo – Fr 8 – 12 und 14 – 18 Uhr oder nach telefonischer Vereinbarung, Tel. 04734/477 | **Tipp** Von Innerkrems führt die beliebte Nockalmstraße (Maut!) 34 Kilometer lang mit 52 Kehren durch die Nockberge, ein seit 2012 von der UNESCO anerkannter Biosphärenpark. Unter den Berggasthöfen an der Strecke sticht das malerische Karlbad heraus, wo wie vor 300 Jahren in 14 Holztrögen Heilbäder genommen werden. Die Gäste können – wie einst Bauern und Holzknechte – im schwefel- und eisenhaltigen Quellwasser entspannen, das mit glühenden Steinen auf 40 Grad Celsius erwärmt wird.

77 Die alte Lippitzbachbrücke

Über die Drau und in die Geschichte

Das große Palmenhaus im Wiener Schlosspark Schönbrunn und die alte Lippitzbachbrücke, die vom Gemeindegebiet Ruden in Richtung Bleiburg die Drau überquert, haben etwas gemeinsam: Beide Eisenkonstruktionen wurden von der berühmten Wiener Brückenbauanstalt Ignaz Gridl errichtet. 1896 eröffnet, ist die Brücke eine der wenigen erhaltenen ihrer Art in Österreich. Benannt ist sie nach der kleinen Ortschaft Lippitzbach. Der gleichnamige Bach mündet dort in den Wölfnitzbach, ehe dieser kurz danach in die Drau fließt. An diesem idyllischen Platz stehen ein paar Häuser und das Schloss der einstigen Eisenwerksbesitzer. 1791 hatte Max Thaddäus Graf Egger das alte Lippitzbacher Hammerwerk erworben und daraus eines der bedeutendsten Eisenwerke im Habsburger Reich gemacht, in dem Bleche gewalzt wurden.

Die alte Lippitzbachbrücke spielte im Kärntner Abwehrkampf eine Rolle. Im April 1919 begannen die Truppen des Königreiches der Serben, Kroaten und Slowenen (dieser SHS-Staat erhob Anspruch auf Teile Südkärntens) eine Offensive. Sie sprengten das südliche Tragwerk, ein Teil der Eisenkonstruktion stürzte in die Drau. Die Kärntner Abwehrkämpfer konnten einen provisorischen Übergang errichten, den sie dann aber ihrerseits wegen eines Gegenangriffs der SHS-Truppen sprengten. 1922 war es an der Firma Gridl, »ihre« Brücke wiederherzustellen. Nach dem Bau des Draukraftwerks Schwabeck musste die Konstruktion 1940 gehoben werden – durch die Firma Waagner-Biro, die 1934 die Firma Gridl erworben hatte. Die zweite Hebung 1958/1959 erfolgte durch die VOEST. Die 2005 daneben gebaute neue Lippitzbachbrücke wird seit 2009 aufgrund des Unfalltods des damaligen Landeshauptmanns Jörg-Haider-Brücke genannt. Durch diese Konstruktion hat die alte Lippitzbachbrücke ihre verkehrstechnische Bedeutung zwar verloren, sie wird aber nun nach langer Sperre für Fußgänger und Radfahrer wieder restauriert.

Adresse Lippitzbach, 9113 Ruden | **Anfahrt** A 2 Abfahrt Griffen, auf der B 80 bis Ruden, dort in den Ort abbiegen und bis zur Abzweigung Lippitzbach, von dort den Wölfnitzbach entlang bis zur Drau hinunterfahren | **Tipp** Am Weg von Ruden nach Lippitzbach liegt rechts an der Straße das »Museum am Bach«. Aus einer ehemaligen Mühle und Bäckerei haben Alex Samyi und seine Frau Ulli ein kulturelles Ambiente geschaffen, in dem Gesellschaftspolitik, bildende Kunst und Literatur bei verschiedenen Aktivitäten zusammenwirken (https://museumambach.com).

78 Die Basilika Maria Loreto

Ein Glanzpunkt barocker Kirchenkunst

Als besonders wundertätig galten in der christlichen Welt stets die Schwarzen Madonnen. Die ersten tauchten im Mittelalter auf. Warum, das ist bis heute nicht eindeutig zu beantworten. Eine der berühmtesten stammt aus dem 17. Jahrhundert. Es ist die aus Fichtenholz geschnitzte und im Gesicht dunkel bemalte Schwarze Madonna in Loreto bei Ancona in Italien. Sie ist das Vorbild für die Schwarze Madonna in der Basilika in St. Andrä, der ehemaligen Bischofsstadt. Fürstbischof Albert von Priamis lernte das italienische Marienheiligtum in Loreto kennen, nahm den enormen Strom der Wallfahrer dort wahr und ließ daraufhin eine Nachbildung dieser Schwarzen Madonna anfertigen. 1647 wurde in St. Andrä eine Kapelle – auch nach dem Vorbild des italienischen Loreto – mit dem Gnadenbild eingeweiht. Tatsächlich setzte rasch ein beachtlicher Ansturm von Pilgern ein; Berichte wundertätigen Geschehens blieben nicht aus. Das Projekt einer großen Kirche über der Kapelle wurde jedoch erst 1683 unter Fürstbischof Franz Caspar von Stadion begonnen. Ein Baumeister aus Aquileia errichtete den riesigen Barockbau italienischen Stils, enorme 40 Meter lang und 17 Meter hoch. Die beiden 60 Meter hohen Zwiebeltürme kamen 1730 hinzu.

1793 wurde die Gnadenkapelle innerhalb der Kirche »übersiedelt«. Die Wallfahrer haben nun gleich links neben dem Eingang die Möglichkeit, nahe der Schwarzen Madonna zu beten. Der gesamte riesige Innenraum der Kirche ist eindrucksvoll. Der Hauptaltar ähnelt einer imposanten Theaterbühne, denn dahinter spannt sich ein Fresko in kunstvoller Illusionsmalerei auf, mit Architekturelementen und gerafften Vorhängen rund um eine Darstellung der Dreifaltigkeit. 2014 wurde die Kirche von Papst Franziskus zur Basilica minor erklärt, ein Ehrentitel für bedeutende Kirchen, den in Kärnten sonst nur noch die Basilika in Maria Luggau im Lesachtal trägt.

Adresse St. Andrä 101, 9433 St. Andrä | Anfahrt A2 Abfahrt St. Andrä, nach links auf die B 70 abbiegen und in den Ort fahren, die Basilika liegt direkt an der Straße | Öffnungszeiten Die Kirche ist tagsüber stets geöffnet. | Tipp Auch das Lavanttal hat seinen Badesee, einen kleinen wenigstens. Der St. Andräer See ist ein gepflegtes Erholungsgebiet, ein grundwassergespeister Baggersee fünf Kilometer südlich der Stadt nahe dem Fluss Lavant, an dem man auch schön spazieren kann.

79__Der Kammerhof

Hier sprießen Spargel und Artischocken

Quietschen muss er! Nicht aus Freude, weil er das Licht der Welt erblickt, sondern weil er damit zeigt, dass er ganz frisch ist. Also: Spargelstangen aneinanderreiben zum Quietsch-Test! In der Spargelsaison sprießen die köstlichen Triebe zu Tausenden aus den Feldern des Kammerhofs.

Seit vier Generationen baut die Familie Jäger Spargel an. 1931 brachte Urgroßvater Mathias die ersten Pflanzen aus Deutschland mit. Die Landwirtschaft im Lavanttal kämpfte damals ums Überleben. Spargelanbau sollte dem Betrieb auf die Beine helfen. Leicht war das nicht, denn die weißen Stangen waren zu dieser Zeit in Kärnten wenig bekannt und ein kaum leistbarer Luxus. Doch die Familie kämpfte sich durch, ohne Unterbrechung auch zu Kriegszeiten. Der Erfolg blieb nicht aus.

Heute führt Christian Jäger den traditionsreichen Betrieb. Er hat Maschinentechnik studiert, aber dann erkannt, dass ihn die Landwirtschaft glücklicher macht. Und so widmen sich er und die anderen Mitglieder der Familie (einige sind sonst in anderen Berufen tätig) im April und im Mai ganz den 20 Hektar Spargelfeldern. Viele Stunden lang wird täglich gearbeitet, Samstag und Sonntag natürlich auch, unterstützt von etwa 25 Erntehelfern. Der weiße Spargel sprießt unter Folien, damit er kein Licht abbekommt, der grüne wächst an der Sonne und bildet so den Blattfarbstoff Chlorophyll. Und dann gibt es noch den violetten Spargel: eine immer beliebter werdende Sorte, die auch oberirdisch wachsen darf. Also, wie wär's mit violettem roh als Salat, grünem kurz angebraten oder weißem Spargel gekocht in Wasser mit Salz, Zucker, Zitronensaft und etwas Butter?

Es gibt auf dem Kammerhof noch eine andere Delikatesse. Seit 2014 werden auf einem halben Hektar Artischocken kultiviert. Diese mediterrane Köstlichkeit ist im Sommer und im Herbst ebenso frisch am Hof zu erwerben wie im Frühling der Spargel.

Adresse Höfern 4, 9433 St. Andrä, www.spargel-lavanttal.at | **Anfahrt** A 2 Abfahrt St. Andrä, nach links auf die B 70 abbiegen und durch den Ort fahren, rechts abbiegen in die Bahnhofstraße, dann auf der L 139 (Stefaner Landesstraße) circa zwei Kilometer bis Höfern fahren | **Öffnungszeiten** zur Spargelzeit Hofladen 8–18 Uhr, sonst nach Vereinbarung | **Tipp** In der Nachbargemeinde St. Paul im Lavanttal (St. Margarethen 7) baut die Familie Holzer feinsten Knoblauch sowie Erdbeeren und Rhabarber an (www.holzer-austria.com).

80__Die Stiftsgärten

Vielfältige Oase der Entspannung

Der Längsee spiegelt stahlblau, davor das saftige Grün der Wiesen und Bäume, ein paar Wölkchen am Himmel – dieser prachtvolle Ausblick hat etwas Meditatives. Nicht nur dadurch kommt der Besucher der Stiftsgärten zur Ruhe. Es ergeht ihm genauso in den anderen Bereichen des insgesamt 30.000 Quadratmeter großen Areals: beim Lavendel-Labyrinth, das den Lebensweg symbolisieren soll, in der Arena aus Natursteinblöcken und Sträuchern, die für künstlerische Aufführungen bereitsteht, im Streuobstgarten mit den kräftigen Apfelbäumen, bei der Kräuterspirale oder dem Arzneigarten mit seinen etwa 120 Heil- und Gewürzpflanzen. Daneben stehen wuchtig die Stiftsgebäude aus dem 16., 17. und 18. Jahrhundert, hervorgegangen aus dem nach 1002 gegründeten Benediktinerinnenkloster. Lange wurden nur junge adelige Frauen aufgenommen. Mag sein, dass der Dichter Friedrich Schiller im zweiten Teil der Dramentrilogie »Wallenstein« namens »Die Piccolomini« daran angeknüpft hat. Sätze wie »Er führt aus Kärnten die Fürstin Friedland her und die Prinzessin« oder »Denkt Ihr, er habe sein bedeutend Leben in kriegerischer Arbeit aufgewendet, … um dich zuletzt aus deinem Stift zu ziehen …« wurden als Hinweise darauf interpretiert, dass sich Schillers Figur Prinzessin Thekla von Friedland während des Dreißigjährigen Krieges im damals einzigen Frauenstift Kärntens, St. Georgen am Längsee, aufgehalten habe.

Stellen wir uns also vor, Prinzessin Thekla wäre durch die Stiftsgärten gewandelt wie heute die Ruhe suchenden Gäste. Klostergärten waren in der Vergangenheit immer Ausdruck des Strebens der Klöster nach Unabhängigkeit, aber sie dienten natürlich auch der inneren Einkehr. Wenn in der Stiftsküche aus den Kräutern heilender Tee und wohlschmeckende Suppe gekocht wurden, stand der Entspannung nichts im Wege. Das ist bis heute so. Im ehemaligen Stift betreibt die Diözese Gurk-Klagenfurt nun ein Hotel.

Adresse Stift St. Georgen, Schloßallee 6, 9313 St. Georgen am Längsee | Anfahrt S 37 Abfahrt St. Veit an der Glan, B 82 in Richtung Launsdorf fahren, bei Fiming links Richtung St. Georgen am Längsee abbiegen | Öffnungszeiten Die Stiftsgärten sind ganzjährig zugänglich. | Tipp Schwimmen mit Blick auf das Stift bieten am Längsee das Strandbad, das Schlossbad und ein FKK-Naturstrand. Im Winter ist der zugefrorene See ein beliebter Eislaufplatz.

81 Das Benediktinerstift

In vielerlei Hinsicht die Nummer eins

Hier reiht sich ein Superlativ an den anderen: Im Mittelalter war das 1091 von Engelbert I. von Spanheim gegründete Kloster das mächtigste in Kärnten. Heute ist es das älteste noch aktive Kloster dieses Bundeslandes. Abgesehen von Aufhebungen im 18. Jahrhundert und durch die Nationalsozialisten ist es stets von Benediktinern unterhalten worden. Die ersten wurden aus Hirsau im Schwarzwald, dem im 11. Jahrhundert baulich gesehen größten Kloster des deutschsprachigen Raums, hierher gerufen. Die Stiftskirche teilt sich mit Gurk das Siegespodest im Schönheitswettbewerb romanischer Klosterkirchen in Kärnten.

Bei den Kunstschätzen geht es weiter mit den Topbewertungen: Von besonderer Strahlkraft ist die Stiftergruppe auf dem Altar im nördlichen Querhaus der Kirche, gestaltet vom Bildhauer Philipp Jakob Straub um 1770. Engelbert I. von Spanheim, seine Frau Hadwiga sowie seine Eltern Siegfried und Richardis halten den barocken Klosterplan, der wohl nicht zufällig an den monumentalen Kloster-Palast Escorial bei Madrid erinnert. Nochmals werden Engelbert und Hadwiga gleich daneben lebendig in einem wunderbaren spätgotischen Fresko des Meisters Thomas von Villach, gemalt 1493. Außergewöhnlich ist auch die Kunstsammlung des Stiftes mit Spitzenwerken der europäischen Kunstgeschichte. Last but not least die Bibliothek: Sie ist die bedeutendste nach der Nationalbibliothek in Wien, die wertvollste private Büchersammlung Österreichs, und dokumentiert die Entwicklung der Schreibkunst vom 5. bis zum 18. Jahrhundert. Nicht nur Experten erfreuen sich am ältesten Buch Österreichs, dem »Ambrosius Codex« aus dem 5. Jahrhundert, an der ältesten Darstellung Karls des Großen aus dem 9. Jahrhundert, an der älteste Harmonielehre der Welt oder an einem der ersten Druckwerke Gutenbergs von etwa 1450. Insgesamt gibt es 4.000 Handschriften und – allein in der Schaubibliothek – 70.000 Bücher! Einfach spitze!

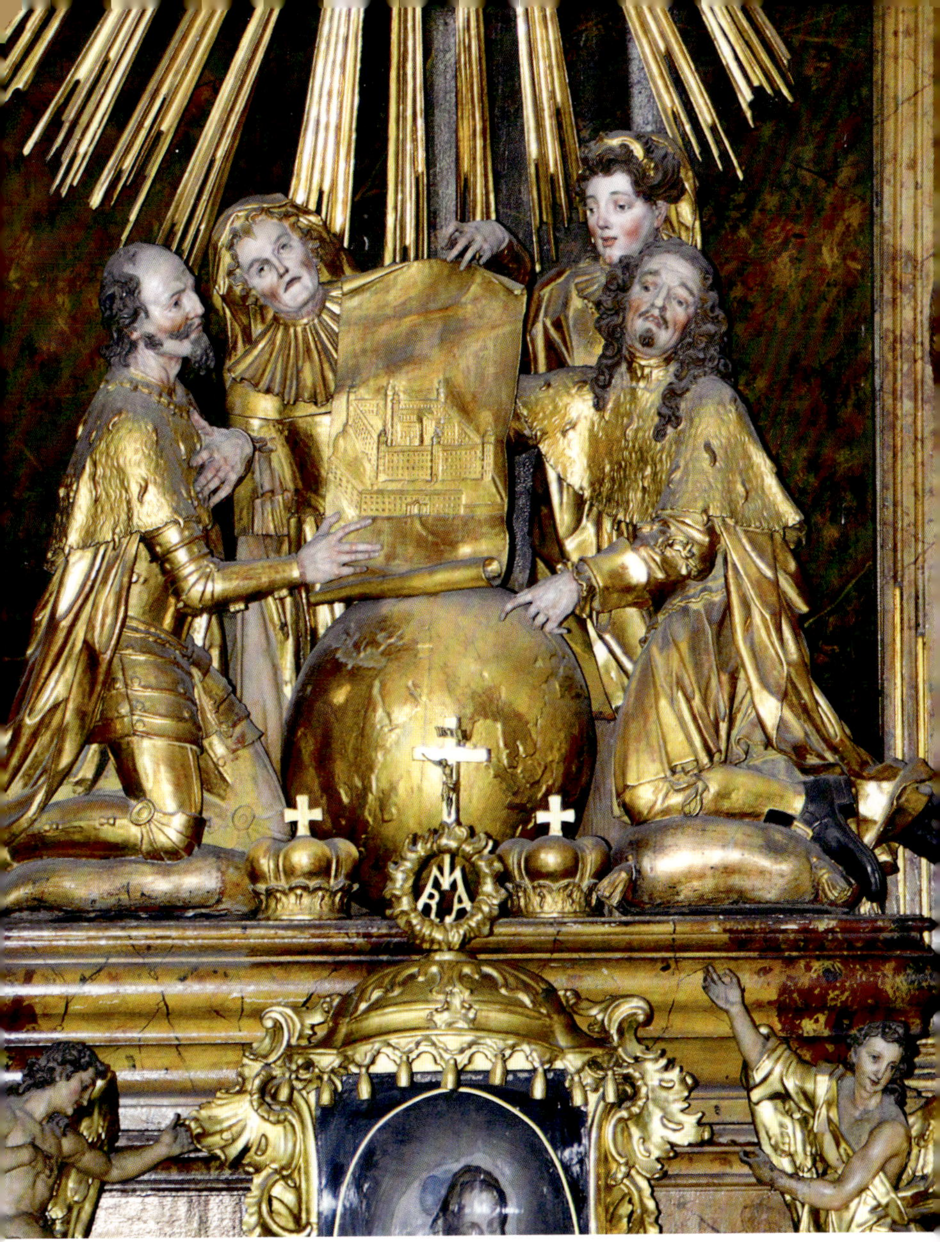

Adresse Benediktinerstift St. Paul, Hauptstraße 1, 9470 St. Paul im Lavanttal, www.stift st.paul.at | Anfahrt A 2 Abfahrt St. Andrä, der Landesstraße L 135 bis St. Paul folgen | Öffnungszeiten Kirche tagsüber durchgehend geöffnet, Museum mit Bibliothek: 1. Mai–31. Okt. Mi–Sa 10–16 Uhr, So, Feiertag 11–17 Uhr, Gruppen jederzeit nach Voranmeldung | Tipp Am Fuß des Stiftshügels lockt im ehemaligen mittelalterlichen Kreuzbäckhaus das Gasthaus Poppmeier, rund ums Jahr ein Hort traditioneller, innovativ zubereiteter Köstlichkeiten aus Produkten der Region (www.poppmeier.co.at).

82 Koligs Paradies

Alles, was menschlich ist

»Pictum non est cacatum«, gemalt ist nicht gekackt. Cornelius Kolig (Jahrgang 1942), Maler, Objekt- und Konzeptkünstler, dreht einen berühmten Satz um: Der Dichter Heinrich Heine meinte »Cacatum non est pictum«, die Erörterung von Kacke macht noch keine Kunst. Kolig will aber aufrütteln, indem er nicht einfach malt, sondern Banales zur Kunst erhöht und scheinbar Bedeutendes banalisiert. Seine Themen sind Tabuthemen wie Sexualität, menschliche Ausscheidungen und Tod. Das »Paradies« hat er seit 1979 in seinem Geburtsort Vorderberg bei St. Stefan im Gailtal auf einem Grundstück der Familie geschaffen. Es ist ein Garten- und Gebäudeensemble als Ausstellungsraum, Arbeitsplatz und Depot, ein Gesamtkunstwerk mit allem, was Kolig wichtig ist.

Wer ins »Paradies« kommt, muss sich auf Provokationen einlassen wollen, muss offen sein, in Koligs Welt der »Bloßlegung und Verstärkung des Sinnlichen« einzutreten. Die Gebäude heißen Kuhstall, Saustall, Pantheon und Sixtina, auch Linke Niere und Rechte Niere. Im Inneren drängen sich Objekte, Bilder, Installationen, Fotos und Videos. Für das Verständnis ist es von Vorteil, zu wissen, dass schon in den 1960er Jahren die radikale Kunstströmung des Wiener Aktionismus bewusst die Scham-, Schmerz- und Ekelgrenzen überschritten hat. Das tut Cornelius Kolig auf seine Weise ebenfalls. Doch er, Enkel von Anton Kolig und Neffe von Franz Wiegele, zwei Hauptvertretern der Malergruppe Nötscher Kreis, ist auch ein beeindruckender Maler, der eine Wiese mit blühendem Löwenzahn oder den gegenüberliegenden Berg Oisternig kraftvoll auf Leinwand zu bannen weiß. Bunte Plexiglasobjekte tragen zu seiner internationalen Bekanntheit bei.

Koligs »Paradies« ist auch von Dutzenden seiner Katzen bevölkert. Ob es ihn stört, wenn manches den Besucher schmunzeln lässt? »Nein«, sagt Cornelius Kolig und schmunzelt seinerseits, »ich bin ja auch ironisch.«

Adresse Das Paradies, Vorderberg 39, 9614 St. Stefan im Gailtal, www.kolig.at | Anfahrt A 2 Abfahrt Hermagor, B 111 bis zur Abzweigung links nach Feistritz an der Gail, die L 27 (Vorderberger Straße) bis Vorderberg, dort über die Brücke leicht links bis Hausnummer 39 | Öffnungszeiten Führungen durch Cornelius Kolig nach Voranmeldung, E-Mail paradies@kolig.at | Tipp Im Kolig-Saal des Landhauses in Klagenfurt hatte Anton Kolig 1930 einen Freskenzyklus gemalt, der aber 1938/1939 von den Nationalsozialisten abgeschlagen wurde. Sein Enkel Cornelius Kolig gestaltete 1998 den Saal neu, teils mit Schwarz-Weiß-Reproduktionen der Malereien seines Großvaters, teils mit eigenen Arbeiten.

83_Am Hauptplatz

Facetten einer ehemaligen Hauptstadt

Ein Wohlfühlplatz mit südlicher Atmosphäre, umgeben von einem Ensemble historischer Häuser, die Tische der Cafés laden zum Pausieren ein: So präsentiert sich der Hauptplatz als würdiger Repräsentant der Tatsache, dass St. Veit an der Glan bis 1518 die Hauptstadt des Herzogtums Kärnten war.

Bewunderung verlangt die Fassade des Rathauses ab. Da prangt eine barocke Justizia, aus Stuck geformt. Darunter dominiert eine Metallgusstafel mit vergoldetem Kielbogen, einem Schild mit Reichsadler, dem Kärntner Wappen, der Jahreszahl 1468 und den Worten: »Eins mans red ein halbe red. Man sol sy verhoren bed« (Eines Mannes Rede ist eine halbe Rede. Man soll sie beide hören). Dieser Text stammt aus dem Sachsenspiegel, einem der ältesten Rechtsbücher des deutschen Mittelalters. Goethe erwähnt in »Dichtung und Wahrheit« einen ganz ähnlichen Text als Inschrift im Römer, dem Frankfurter Rathaus. Und es fand sich diese Textstelle früher auch an einem Eingang des Nürnberger Rathauses. So ist die Fassadenplatte in St. Veit erkennbar als ein Hinweis auf die damals engen Handelsbeziehungen zu Nürnberg. Dessen Stadtheiliger Sebaldus ist auch als einer von vier kleinen Heiligen auf der Tafel dargestellt (rechts unten). Außer Andreas und Laurentius sieht man auch den heiligen Vitus, den Stadtheiligen von St. Veit (links oben).

Wer nun den Blick von der Rathausfassade rechts zum Brunnen wendet, erkennt, dass die Gewandung des Vitus jener des Wasserspeiers stilistisch stark ähnelt. Die spätgotische Bronzestatue wird auf circa 1470 datiert, was zeitlich genau zur Platte auf der Rathausfassade passt. Der Volksmund nennt die Figur »Schüsselbrunn-Bartele«. Diese stellt vermutlich einen Marktrichter dar, passt also als Amtsträger auch inhaltlich zur Fassade des Rathauses. Seit 1566 hütet er als Wasserspender eine steinerne Brunnenschüssel aus der keltisch-römischen Stadt Virunum.

Adresse Rathaus, Hauptplatz 1, 9300 St. Veit an der Glan | **Anfahrt** von Klagenfurt auf der S 37, Abfahrt St. Veit an der Glan, der B 82 ins Stadtzentrum folgen | **Tipp** Am Hauptplatz lohnt auch noch ein Besuch im Museum St. Veit, das von 900 Jahre Stadtgeschichte bis zum historischen Post- und Eisenbahnwesen samt Fahrsimulator eines Triebwagens vielerlei Interessantes zu bieten hat (https://www.museum-stveit.at).

84 Die Burg Taggenbrunn

Unter dem Schutz der Zeitgöttin

Das hätten sich die Erzbischöfe von Salzburg nie träumen lassen: eine Göttin mit goldenem Geweih auf ihrem Burghügel! Jahrhundertelang war die Festung Taggenbrunn in Salzburger Besitz und ein Machtzentrum. Der Verfall kam Ende des 18. Jahrhunderts: Aus der Burg wurde eine Ruine, die, nur von Bäumen, Gestrüpp und Müll umgeben, auf dem Hügel im Osten von St. Veit kaum noch zu erkennen war. Doch dieser Ort, der einen so atemberaubenden Ausblick über Mittelkärnten bietet, bekam neues Leben eingehaucht. Und was für ein Leben! 2011 kaufte das Unternehmerehepaar Alfred und Andrea Riedl Taggenbrunn und ließ ein enormes Renovierungsprojekt anlaufen, nicht nur für die Burg, sondern für den ganzen Hügel. Eineinhalb Jahre lang arbeiteten vier Bagger, um den Südhang von der Wildnis zu befreien und für Weingärten vorzubereiten. Am Fuß des Hügels steht das Weingut. Gleich daneben wacht die Göttin, eine zwölf Meter hohe Figur aus Metall, Pflanzen und Kristallen, entworfen von André Heller, für den die Bezeichnung Universalkünstler so gut passt wegen seiner vielen kreativen Projekte rund um die Welt. »Zeitgöttin« wird die Figur genannt, sie kann als Symbol des Innehaltens genauso wie als Wächterin moderner Rastlosigkeit interpretiert werden. Das Thema Zeit bestimmt schließlich das Leben des Ehepaars Riedl als Eigentümer des internationalen Uhrenkonzerns »Jacques Lemans«.

Inzwischen ist Taggenbrunn mit einem Ertrag von 320.000 Flaschen pro Jahr Kärntens größtes Weingut. Im uralten Getreidespeicher mit dem säulengestützten Steingewölbe wird der Kulinarik gehuldigt. Aus der Ruine wurde ein eindrucksvoller Ort, der mit Kulturveranstaltungen ganz besondere Momente ermöglicht. Wer den Blick Richtung Südosten schweifen lässt, kann die Silhouette der Burg Hochosterwitz erkennen. Und vielleicht spüren, dass sich die Faszination alter Burgen hier in Taggenbrunn eindrucksvoll in die Moderne übersetzen ließ.

Adresse Taggenbrunn 9, 9300 St. Veit an der Glan, www.taggenbrunn.at | **Anfahrt** S 37 Abfahrt St. Veit an der Glan, dann der Beschilderung Taggenbrunn folgen (Achtung: bei Navigationsgeräten nicht St. Veit, sondern St. Georgen am Längsee eingeben) | **Öffnungszeiten** Die Aussichtsterrasse beim Weingut, die »Zeitgöttin« und die Burg von außen sind immer zugänglich | **Tipp** Etwas nördlich von St. Veit wird in Kappel am Krappfeld am Biobauernhof Pobaschnig köstliches Speiseeis aus Bio-Kuhmilch oder Bio-Ziegenmilch in etwa 50 fruchtigen Sorten erzeugt. Besonders beliebt ist das Reindling-Eis (www.krappfeldereis.at).

85 Dreifaltigkeit am Gray

In der Ruhe liegt die Kraft – religiös wie kulinarisch

Beim Wort Kraftort gilt es im Allgemeinen vorsichtig zu sein. Definiert man den Begriff als eine Stelle, die Besonderes an Ruhe und zugleich Energie spüren lässt, dann passt die Bezeichnung auf die Dreifaltigkeit nahe dem Sonntagberg, einer Bergkuppe oberhalb von St. Veit an der Glan, in 1.180 Meter Seehöhe. Hier steht Kärntens einzige Holzkirche. Kaum größer als eine Kapelle, wurde sie in Holzblockbauweise in der ersten Hälfte des 18. Jahrhunderts errichtet, mit einem 1785 angesetzten gemauerten Chor. Daneben versteckt sich ein kleines Pfarrhaus, gegenüber gruppiert sich ein Ensemble hölzerner Bauernhäuser. Rundum ist nur Wald. Wer die kleine Kirche betritt, staunt über die heimelige Atmosphäre der hölzernen Konstruktion mit dem Tonnengewölbe, den Wänden und der Empore mit den farbigen Ornamenten. Das abgelegene Dorf wird 1346 erstmals urkundlich erwähnt.

Warum die Kirche hier entstanden ist? Errichteten Bergknappen den Bau nahe ihrer Siedlung? Oder waren es protestantische Schweden, die nach dem Dreißigjährigen Krieg die Bauweise ihrer Heimat mitbrachten? Oder führte, wie eine Sage erzählt, die geheimnisvolle Lichterscheinung einer Dreifaltigkeit die Menschen dazu, hier oben in den Wald die Holzkirche zu platzieren? Lauter Thesen! Nicht nur zum Fest der Heiligen Dreifaltigkeit (am zweiten Sonntag nach Pfingsten) ist die kleine Kirche Ziel von Wallfahrern. Slowenische Pilger nannten den Berg »am Gray«, das bedeutet »am Ende«.

Wanderer, ob religiös motiviert oder nicht, und auch diejenigen, die per Auto hierherfinden, müssen nicht darben. Beim Jägerwirt gegenüber der Kirche, geführt von der Familie Pleschutznig, können müde Muskeln gestärkt werden, vor allem mit Kärntner Nudelspezialitäten, beispielsweise dem »Schlickkrapflan« für die Suppe und dem Dreifaltigkeitsteller mit drei Sorten fleischgefüllter Teigtaschen. Ein Kräuterschaugarten daneben gehört auch noch dazu.

Adresse 9300 St. Veit an der Glan | Anfahrt von St. Veit vorbei am Krankenhaus der Barmherzigen Brüder die Spitalgasse entlang über Hintnausdorf, Nußberg und Schaumboden der Beschilderung Dreifaltigkeit folgen | Öffnungszeiten Der Schlüssel für die Kirche ist beim Jägerwirt erhältlich, der ganzjährig geöffnet ist, Mi – So 10 – 18 Uhr, Mo, Di Ruhetag, www.jaegerwirt-dreifaltigkeit.at | Tipp Die nahe gelegenen Kraigher Schlösser sind ebenso interessant wie das Schloss Frauenstein, eines der besterhaltenen spätgotischen Schlösser des Landes (in Privatbesitz, deshalb nur von außen zu bestaunen).

86 Die Riesin

Vom römischen Leben auf dem Zollfeld

Der Volksmund hat es sich leicht gemacht: »Die Riesin« wird sie genannt, die eindrucksvolle, wenngleich kopflose Marmorstatue an der südlichen Außenmauer der Kirche. Aber wen stellt sie dar? Die kleinasiatische Göttin Kybele? Oder die lokale Göttin Isis Noreia als Personifikation der römischen Provinz Noricum? Ist sie eine weibliche Grabstatue? Oder doch eine in eine Toga gehüllte Männerfigur eines römischen Grabmals? Mehrere Thesen sind im Laufe der Jahrzehnte dazu niedergeschrieben worden. Der Typus der Sitzstatue spricht jedenfalls für ein Grabdenkmal. Der Kopf, den die Riesin einst als Ersatz für den verlorenen Originalkopf trug, ist heute nahe der Statue eingemauert. Ebenfalls nur vermutet werden kann, warum an der kleinen St. Donater Kirche besonders viele Römersteine eingemauert sind. So etwas geschah oft, um Baumaterial zu sparen, lautet die ganz profane Erklärung. Hintergründiger ist die Variante, dass dies den Sieg der Christen über die Barbaren bekunden sollte. Wer davon ausgeht, dass römische Reste erst im 19. Jahrhundert hier angebracht wurden, bezieht sich auf ein von Kaiser Franz I. im Jahr 1828 verfügtes Dekret, laut dem aufgefundene Römersteine stets an der nächstgelegenen Kirche anzubringen seien.

Dass solche Fundorte in der Gegend zahlreich sind, hat einen ganz eindeutigen Grund: Auf dem Gebiet zwischen St. Donat und dem Nachbarort St. Michael befand sich eine römische Siedlung samt Tempelbezirk. Sie gehörte zum Umfeld von Virunum (etwa 400 Jahre Hauptstadt der Provinz Noricum). Kaiser Claudius hatte »Municipium Claudium Virunum« um 50 nach Christus auf dem Zollfeld gegründet, also auf jener Ebene, die sich von Klagenfurt in Richtung St. Veit an der Glan erstreckt. Die Stadt wurde als Knotenpunkt für den Handel – auch für das norische Eisen – die Nachfolgerin jener Siedlung, die ab dem 1. Jahrhundert vor Christus auf dem nahen Magdalensberg bestand.

Adresse Pfarrkirche St. Donatus, Hochosterwitzer Straße 2, 9300 St. Veit an der Glan | **Anfahrt** von Klagenfurt auf der L 71 (Zollfeldstraße) in Richtung St. Veit oder auf der S 37 bis Abfahrt St. Veit-Süd und nach rechts auf die L 71 abbiegen Richtung St. Donat | **Tipp** Im Jahr 1502 stieß ein Bauer beim Pflügen auf eine römische Bronzestatue, den berühmten »Jüngling vom Magdalensberg« (das Original ist verschollen, ein Abguss von 1806 befindet sich im Wiener Kunsthistorischen Museum). Den Archäologischen Park Magdalensberg kann man von Mai bis Oktober besuchen (https://landesmuseum.ktn.gv.at/standorte/magdalensberg).

87_Die tanzenden Kamine

Innovative Industriearchitektur

Warum müssen Kamine immer gerade stehen? Diese Frage stellte Architekt Wolfgang Prix und bekam keine ihn zufriedenstellende Antwort darauf. Also ließ er beim Bau des Werkes 3 der Spanplattenfirma Funder (heute FunderMax) die Kamine des Energiezentrums tanzen. Sie ragen unterschiedlich schief in den Himmel. 1987/1988 war dieser Bau der erste Großauftrag für das 1968 von Prix und zwei weiteren Wiener Architekten gegründete Büro Coop Himmelb(l)au. »Architektur muss brennen« nannten 1980 die drei ihr Manifest und wollten eine Architektur, »die blutet, die erschöpft, die dreht und bricht«. Derlei revolutionäre Überlegungen brachten Coop Himmelb(l)au rasch Erfolge und endgültig den internationalen Durchbruch, als sie 1988 im Museum of Modern Art New York in die Ausstellung »Dekonstruktivistische Architektur« Aufnahme fanden.

Das Funder Werk 3 umfasst zwei Bauteile: das Energiezentrum mit den drei 25 Meter hohen Kaminen und eine Produktionshalle, verbunden durch eine Medienbrücke. »Explodierende Ecke« heißt der Präsentations- und Empfangsraum. Mehrfach bäumen sich Architekturelemente auf, die den Betrachter verstehen lassen, warum Wolfgang Prix in einem Interview berichtete, ihn hätten auch springende Wale beim Hochseefischen in Neuseeland inspiriert. Den Augenblick des Schwebens dieser Riesen habe er architektonisch einfangen wollen. Die Ideen der brennenden, blutenden Architektur der Anfangsphase von Coop Himmelb(l)au hatten sich also weiterentwickelt zu einer »offenen Architektur als Gefühl, als Licht und Bewegung«. Das Funder Werk 3 steht am Anfang der langen Reihe berühmter Großbauten des Architekturbüros, die diese Entwicklung bezeugen, etwa ein Pavillon des Groninger Museums in den Niederlanden 1994, der Ufa-Kristallpalast in Dresden 1998, der Gasometer B in Wien 2001, die BMW-Welt in München 2007 und die Europäische Zentralbank in Frankfurt 2014.

Adresse FunderMax Werk 3, Zollfeldstraße 90, 9063 St. Donat bei St. Veit an der Glan, www.fundermax.at | **Anfahrt** von Klagenfurt nicht über die Schnellstraße S 37, sondern auf der L 71 in Richtung St. Veit an der Glan fahren, vor St. Donat ist links das Werk zu sehen | **Öffnungszeiten** Das Werk kann nur von außen besichtigt werden, für Gruppen fallweise Betriebsbesichtigung nach Voranmeldung möglich | **Tipp** Im St. Veiter Ortsteil Glandorf (vom Werk 3 weiter auf der L 71 Richtung St. Veit) ist links beim FunderMax Werk 2 das Funder Novum zu sehen, ein Veranstaltungsgebäude mit einer interessant gebogenen, 200 Meter langen Stahlfassade des Architekten Günther Domenig (1934–2012).

88__Der Rosenpark

Eine bunte, duftende Gartenwelt

Der »Seebodner Rosentraum« leuchtet in Pink. Es ist eine prächtige Edelrose. Gärtner Karl Winkler senior ist besonders stolz auf sie. Er hat die Lizenz zu ihrer Züchtung von der französischen Rosenzüchterfirma Meilland erhalten, die seinerzeit mit der Rose »Gloria Dei« viel Ruhm erntete. So wurde bei Winkler aus der Rose »Meilland Sexy Perfumella Meimirtylus« der »Seebodner Rosentraum«. Wenn im Mai und Juni die schönste Zeit der Rosenblüte gekommen ist, dann ist nicht nur auf den Verkaufsflächen der Gärtnerei Hochbetrieb, es lockt auch der zugehörige Rosen- und Wasserpark. Gleich neben dem Westufer des Millstättersees gilt es ein Meisterwerk der Gartengestaltung zu entdecken, mit hölzernem Gartenhaus im Stil der Jahrhundertwende, einer Holzbrücke und einem Seerosenteich. Sitzplätze und Skulpturen strukturieren kunstvoll die Gartenräume. Und das tun natürlich auch die vielen Rosen. Sie sind die besondere Leidenschaft der Winklers, Karl senior und Karl junior. Da klettert eine Ramblerrose gute zehn Meter hoch in einen Baum, da stehen die schönsten Strauch-, Stamm- und Beetrosen nebeneinander. Es ist eine blühende Märchenwelt. Neuheiten bekommen werbetaugliche Namen. So sind etwa dem Sänger Udo Jürgens die weiße Rose »Merci« und die intensiv rote namens »Udo« gewidmet, als Dank für sein Lebenswerk, wie Karl Winkler senior betont. »Alpenglühen« heißt die dem Skiweltmeister Franz Klammer gewidmete Rose, und eine »Perle vom Millstätter See« gibt es ebenso. Festliche Rosentaufen gehören jeweils dazu.

Natürlich sind in der Gärtnerei Winkler auch zahlreiche Schöpfungen der berühmten internationalen Rosenzüchter zu finden. Zum Beispiel die lachsfarbene Rose »Abraham Darbi« und die apricotfarbene »Emily Brontë« des Engländers David Austin, der mehr als 400 Englische Rosen gezüchtet hat. Nicht nur Gartenbesitzer fühlen sich angesichts einer Auswahl von etwa 550 Sorten im duftenden, bunten Rosenhimmel.

Adresse Garten & Floristik Winkler, Seehofstraße 36, 9871 Seeboden am Millstätter See, www.garten-winkler.at | Anfahrt A 10 Abfahrt Knoten Spittal, auf der B 98 nach Seeboden, dort beim Kreisverkehr rechts in die Seehofstraße einbiegen | Öffnungszeiten Der Rosen- und Wasserpark ist immer zugänglich, Gärtnerei Winkler: Mo–Fr 8–16.30 Uhr, Sa 8–12 Uhr | Tipp Pflanzenfreunde finden in Seeboden auch ein Bonsai-Museum, das auf 12.000 Quadratmetern japanische Gartenkunst zeigt (www.bonsaimuseum.at).

89__Schloss Porcia

Italienisch schön und ein bisschen gruselig

Jedes Schloss braucht sein Gespenst. Im Schloss Porcia ist es ein adeliges: Es soll die Gräfin Katharina von Salamanca durch die Zimmer und die Arkadengänge huschen, weil sie wegen ihrer Grausamkeit zu Lebzeiten keine Ruhe fand. Mit ihrem Mann Graf Georg von Salamanca-Ortenburg starb jenes aus Spanien stammende Geschlecht aus, welches das Schloss – einen der schönsten Renaissancebauten Österreichs – im 16. Jahrhundert errichten ließ. Der Name des zweifellos italienischen Baumeisters ist unbekannt.

Wer den Arkadenhof betritt, glaubt sich in einen florentinischen Palazzo versetzt: drei Geschoße mit Säulengängen übereinander, verziert mit Büsten, phantastischen Figuren und reichen Ornamenten. Bestimmt geistert die Gräfin Salamanca am liebsten die Prachtstiege hinauf zum Mittelgeschoß, denn es ist am üppigsten von allen ausgestattet. Unten führen die Arkaden rundum, in den beiden Obergeschoßen ziehen sie sich mit ihren Balustraden jeweils an drei Seiten entlang. An der Südfront prangt ein Wappen der Fürsten von Porcia. Diese stammen aus dem Friaul, haben ihr Stammschloss bis heute in Porcia bei Pordenone und erwarben 1662 die Grafschaft Ortenburg samt Schloss für 365.000 Gulden. Bis 1918 residierten insgesamt 14 Fürsten Porcia in Spittal.

Als 1919 südslawische Truppen Klagenfurt angriffen, verlegten die Kärntner Landesregierung und der Landtag für einige Zeit ihren Sitz nach Spittal ins Schloss Porcia. Ehe der damalige Besitzer das Gebäude 1930 an die Stadt Spittal verkaufte, ließ er das Inventar versteigern; nur Möbel des Fürstenzimmers mit dem Prunkbett sind erhalten. Da hatte die geisternde Gräfin Salamanca nur noch wenig Chancen, sich kurz auszuruhen, ehe sie den nächsten Menschen erschreckte.

Ob sie noch fallweise im Sommer bei den Komödienspielen im Arkadenhof aufzutreten versucht? Oder lieber im Museum für Volkskultur im Dachgeschoß? Wer weiß?!

Adresse Burgplatz 1, 9800 Spittal an der Drau | Anfahrt A 10 Abfahrt Spittal-Ost oder Knoten Spittal, der Beschilderung Zentrum folgen | Öffnungszeiten Der Arkadenhof ist immer zugänglich, Museum für Volkskultur mit Fürstenzimmer: Anfang Apr.–Ende Okt. täglich 9–18 Uhr, sonst Mo–Do 13–16 Uhr, feiertags geschlossen, www.museum-spittal.com | Tipp Wen das Volkskulturmuseum im Schloss Porcia neugierig auf das Leben anno dazumal gemacht hat, der kann im Handwerksmuseum in Unterhaus bei Baldramsdorf nahe Spittal vieles über alte Handwerke und Gewerbe erfahren (www.handwerksmuseum.info).

90 Der Kärntner Kreuzweg

Ein Gesamtkunstwerk besonderer Art

Da fliegen die Striezel! Gesegnetes Roggenmehlgebäck wird immer am ersten Sonntag im Februar vor der Pfarrkirche unters Volk geworfen; das soll Glück und Gesundheit bringen. Der Brauch geht auf die heilige Hildegard von Stein zurück, die hier im 10. Jahrhundert Arme und Wanderer versorgt haben soll. Heute herrscht bei dieser Gelegenheit viel Gedränge auf dem ehemaligen Burgberg, auf dem die Kirche St. Laurentius steht.

14 Bildstöcke eines Kreuzwegs begleiten den Weg hinauf. Dieser Kreuzweg ist in seiner Art einmalig im Land. Denn als er in den 1990er Jahren dringend der Erneuerung bedurfte, wurde eine besondere Idee geboren. Die 14 Stationen sollten von 14 zeitgenössischen Künstlerinnen und Künstlern gestaltet werden, die entweder in der Gegend geboren sind oder eine spezielle Beziehung zu diesem Landesteil haben. So entstand der »Kärntner Kreuzweg« als ein erstaunliches Gesamtkunstwerk: Werner Lössl, Karl Schüßler, Valentin Oman, Karl Vouk, Josef Stefan, Reimo Wukounig, Stefan Gyurko, Ernst Gradischnig, Gertrud Weiss-Richter, Joze Boschitz, Karl Brandstätter, Karl Brandl, Jan Puinbroek und Kiki Kogelnik schufen je eine Kreuzwegstation entsprechend dem liturgischen Inhalt, aber formal ganz frei. Es ergibt insgesamt eine Stilvielfalt von Realismus bis zu abstrakter Reduktion. Den Höhepunkt bildet das Innere des Karners oben neben der Kirche. Hier hat die Pop-Art-Künstlerin Kiki Kogelnik 1996, dem Jahr vor ihrem Tod, einen Totentanz als Reliefzyklus geschaffen. »Ein Totentanz der ganzen Schöpfung und nicht nur der Menschen«, schrieb sie. Skelette, Totenmasken, Käfer und der Schriftzug »Memento Mori« strukturieren die Wände des Karners. Unten am Boden liegen echte Knochen, die dort gefunden wurden. Im Gewölbe schließt sich der Kreis zu Hildegard von Stein und den Striezeln: für Kogelnik ein Himmel voller Brötchen, zugleich die Sterne und das Manna des Himmels.

Adresse Pfarrkirche St. Laurentius, Kirchweg 1, 9122 Stein im Jauntal | **Anfahrt** von Klagenfurt B 70 Richtung Völkermarkt bis Abzweigung nach Tainach, auf der L 115 (Tainacher Straße) und L 116 (St. Kanzianer Straße) Richtung St. Kanzian, bald nach der Draubrücke rechts auf L 107 in Richtung Stein im Jauntal abbiegen | **Öffnungszeiten** Kreuzweg und Karner sind immer zugänglich. | **Tipp** In St. Kanzian am Klopeinersee (Sternweg 5) befindet sich die älteste private Sternwarte Kärntens. 1961 hat Helmrich Lambrecht, ein Pionier der Kärntner Astronomie, sie auf dem Dach seines Wohnhauses errichtet. Heute kümmert sich der Astronomieverein IAAZ um die Anlage und organisiert Führungen (Tel. 0650/3311072).

91 Das Steinhaus

Eine architektonische Utopie

»Die Menschen denken und fühlen nicht viereckig.« So erklärte der Architekt Günther Domenig (1934–2012) den Denkansatz für sein Steinhaus. Spektakulär, bizarr, faszinierend, utopisch, abweisend und anziehend zugleich steht es auf dem 4.000 Quadratmeter großen Grundstück direkt am Ossiacher See, einem Ort der Kindheit Domenigs. 22 Jahre dauerte es vom Beginn des Baus bis zur Eröffnung 2008, ein Prozess mit permanenten Veränderungen. Es entstand das »Manifest eines Querdenkers«, der dafür bekannt war, in seinen Konstruktionen stets an die Grenzen des Machbaren zu gehen.

Das Steinhaus ist Architektur und Skulptur zugleich. »Die Wahrhaftigkeit einfacher Landhäuser« nannte Domenig als einen Ausgangspunkt für seine Entwürfe. Einen Protest gegen die »Verlogenheit einer Scheinheimatarchitektur« wollte er formulieren. Felsen, die aus einem Hügel herausbrechen, sollten das Haus bilden. Der Bau steht auf Stelzen in dem weichen Untergrund. Darüber formen Beton, Stahl und Glas verschiedene Polyeder, als sogenannte Schwebesteine stehen sie für die Zerbrechlichkeit der Geometrie. »Ich zerbreche, ich befreie mich«, sagte Domenig. Die Baueinheiten sind von Räumen auf vier Ebenen durchzogen, die aber keine klassischen Stockwerke sind. Die Ost- und die Westhälfte des Hauses werden getrennt durch den »Würfel«, eine Glaskonstruktion, und die von Betonwänden gebildete »Schlucht«. Von hier führt eine Treppe in den »Spiralraum«, der bis zum Grundwasser hinunterreicht. Immer steht die ästhetische Wirkung und nicht die Nutzbarkeit im Vordergrund. Schwebende Bauteile ragen horizontal aus dem Baukörper. Das ist typisch für Domenigs Bauten, etwa bei seinen Projekten Dokumentationszentrum Reichsparteitagsgelände in Nürnberg und Kunstakademie in Münster, die den Architekten in Deutschland bekannt machten. Seit dem Jahr 2012 steht das Steinhaus unter Denkmalschutz.

Adresse Steinhaus Domenig, Uferweg 31, 9552 Steindorf am Ossiacher See, www.steinhaus-domenig.at | Anfahrt A 10 Abfahrt Villach-Ossiacher See, auf der B 94 bis Steindorf fahren, dort ist die Abzweigung zum Steinhaus beschildert, der Parkplatz befindet sich zwischen Bundesstraße und Bahn | Öffnungszeiten Von außen ist das Steinhaus immer zu sehen, von innen Juni – Sept. Mi – So 10 – 12 Uhr und 15 – 19 Uhr, Mo, Di geschlossen | Tipp Ganz nahe am schmalen Ostufer des Ossiacher Sees bietet sich das Bleistätter Moor, ein artenreiches Naturschutzgebiet, für ausgedehnte Spaziergänge an.

92 Die Heilige Kümmernis

Eine Art »Conchita Wurst des Mittelalters«

Eine Frau mit Bart! Auch wenn die Assoziation naheliegt, soll hier nicht die Rede sein von Conchita Wurst, dem österreichischen Sänger, der als Frau mit Vollbart den Eurovision Song Contest 2014 gewann.

Es geht um die Heilige Kümmernis, deren Legende sich im 15. Jahrhundert vor allem im Alpengebiet verbreitete. Eine christliche Königstochter habe mit einem Heiden verheiratet werden sollen. Sie soll um eine rettende Veränderung ihres Aussehens gebetet haben, daraufhin sei ihr ein Bart gewachsen. Der wütende Vater habe sie kreuzigen lassen. Zu ihren Füßen soll ein Geiger gespielt haben, dem sie als Dank einen goldenen Schuh habe fallen lassen. Die Holzfigur in der kleinen Kirche St. Georg in Gerlamoos zeigt die vollbärtige, gekreuzigte Kümmernis mit dem Spielmann zu Füßen. Sie wurde als Bauernheilige verehrt, obwohl sie gar keine offizielle Heilige der katholischen Kirche ist.

Kunsthistoriker sind sich uneinig, ob sich die Figur der Kümmernis vom »Volto Santo«, dem heiligen Antlitz, im toskanischen Lucca herleitet, einem großen Kruzifix, das den Gekreuzigten nicht wie üblich nur mit Lendenschurz, sondern nach altorientalischer Art als prächtig gekleideten Fürsten zeigt. Über Gebetsbilder könnte sich der Volto Santo in Europa verbreitet haben. Gläubige, denen die Darstellung des bekleideten Gekreuzigten unbekannt war, könnten die Figur als weiblich interpretiert haben: die Basis für die Legende. In den Niederlanden war die bärtige Gekreuzigte als »Ontdommer« bekannt, in England als »Uncumber«. Die Namen weisen darauf hin, dass ihr die »Entkümmerung«, die Befreiung von Sorgen, zugeschrieben wurde. Der Bart hatte der Legende zufolge die Königstochter vor dem Kummer der ungewollten Heirat bewahrt. So steht die Kümmernis für Selbstbestimmung und Gleichberechtigung. Es ist eine Botschaft, die auch der modernen Conchita Wurst ein Anliegen war, wahrscheinlich ohne von der Legendenfigur zu wissen.

Adresse Filialkirche St. Georg, Gerlamoos 10, 9754 Steinfeld | **Anfahrt** A 10 Knoten Spittal auf E 66 und B 100 Richtung Drautal fahren, in Gerlamoos der Beschilderung Freskenkirche folgen | **Öffnungszeiten** Die Kirche ist üblicherweise versperrt, bei Familie Hopfgartner, Gerlamoos 10, Tel. 04717/20576 oder 0676/5084164, können Besucher den Schlüssel holen. Von dort führen Fußwege zur Kirche am Hügel | **Tipp** Die Kirche birgt außer der Kümmernis noch ein bekanntes Hauptwerk des spätgotischen Malers Thomas von Villach. Der Freskenzyklus ist um 1480 entstanden und zeigt Szenen der Georgslegende und aus dem Leben Christi.

93 Bischofsitz mal zwei

Das Gurktal als kirchliches Machtzentrum

Für einen Film über die Ritterzeit wäre es ein idealer Drehort: Das Schloss Strassburg steht wie eine Trutzburg auf einem Felsen über der kleinen Stadt. Es war Bischof Roman I., der den mächtigen Bau um 1147 errichten ließ, derselbe Mann, der die Klosterkirche der heiligen Hemma im nahen Gurk zu einem prachtvollen Dom ausbauen ließ. Das Bistum Gurk war zwar 1072 vom Salzburger Erzbischof Gebhard gegründet worden, doch Roman als dritter Bischof von Gurk legte eine Menge Wert auf Eigenständigkeit. So wurde die Festung Strassburg mit ihrer Größe von Beginn an zu einer Machtdemonstration.

Als Bischofsitz mauserte sich der Ort zum bedeutendsten im Gurktal und bekam schon 1380 das Stadtrecht. In den folgenden Jahrhunderten wechselten Phasen des Ausbaues des Schlosses mit solchen des Verfalls. Ende des 17. Jahrhunderts bekam der Innenhof reizvolle Arkaden im Renaissancestil. Aus der Burg war ein Schloss geworden. Mit dessen Bedeutung war es vorbei, als 1783 Joseph Franz Anton von Auersperg den Bischofsitz nach Pöckstein am Eingang des Gurktals verlegte. Dort hatte ihm der Salzburger Architekt Johann Georg Hagenauer ein neues Schloss errichtet, den schönsten klassizistischen Bau Kärntens. Bischof Auersperg stand Kaiser Joseph II., dessen Mutter Maria Theresia und auch den Freimaurern nahe, obwohl die Kirche diese Bewegung als Trägerin der Aufklärung kritisch sah. Maria Theresias Tochter, Erzherzogin Maria Anna, lebte ab 1781 in Klagenfurt. Sie stand in Kontakt mit dem Mineralogen Ignaz von Born, einem führenden Freimaurer. Die erste Klagenfurter Loge, gegründet 1783, ist nach der Erzherzogin »Zur Wohltätigen Marianna« benannt. Nach ihrem Tod 1789 verlegte Bischof Auerspergs Nachfolger Kardinal Franz II. Xaver Graf Salm-Reifferscheidt die Bischofsresidenz in ihr Klagenfurter Palais. Dieses ist bis heute der Sitz des Bischofs der Kärntner Diözese Gurk-Klagenfurt.

Adresse Schloss Strassburg, Schlossweg 6, 9341 Straßburg; Schloss Pöckstein, Pöckstein 1, 9341 Straßburg | **Öffnungszeiten** Strassburg Museum: Anfang Mai – Ende Sept., wechselnde Zeiten, Auskunft: Ausstellungsbüro 04266/2375, Schloss Pöckstein (in Privatbesitz) von außen immer zu sehen direkt an der Kreuzung, wo die B 93 von der B 317 ins Gurktal abzweigt | **Tipp** Ein paar Kilometer Richtung Friesach liegt die Brauerei Hirt, eine der ältesten Privatbrauereien Österreichs, mit überaus reichem Angebot für Bierfreunde: Braukeller, Bierkulinarium, Shop und Führungen (www.hirterbier.at).

94 Das »Lebende Kreuz«

Himmel und Hölle und vieles dazwischen

Die bäuerlichen Bewohner der Gegend staunten im Spätmittelalter bestimmt über die bunten Fresken an der Wand ihrer Kirche St. Andrä. Des Lesens wohl unkundig, waren sie auf Bilder angewiesen, um ihren Glauben besser zu verstehen. So konnten sie nun als »Biblia pauperum« (Bibel für Arme) einen Bilderzyklus zur Passion Christi, ein Weltgericht und eine Kreuzigungsszene betrachten. Geschaffen hat sie zwischen 1470 und 1489 Thomas von Villach, der bedeutendste Kärntner Maler dieser Zeit.

Die Kreuzigung ist ein seltener Bildtypus, ein »Lebendes Kreuz«, von dem es nur wenige Beispiele gibt: in Italien in San Petronio in Bologna oder in der Cappella Santa Croce in Mondovì bei Cuneo, in Deutschland in einigen Handschriften. Aus den vier Kreuzbalken ragen Hände. Eine Hand setzt der Ecclesia (Symbol des Christentums) eine Krone auf. Ecclesia reitet auf einem Tetramorph, einem Lebewesen mit den vier Evangelistensymbolen als Köpfen. Gegenüber durchbohrt die andere Hand mit einem Schwert die Synagoga (Symbol des Judentums). Diese reitet auf einem zusammenbrechenden Esel. Die Hand am Fußende des Kreuzes zerschlägt das Höllentor, die Hand ganz oben öffnet mit einem Schlüssel das Himmelstor, über dem Engelschöre singen und Gottvater thront. Die Eva pflückt hinter der Synagoga den Apfel vom verbotenen Baum und reicht Menschen einen Totenkopf. Hinter Ecclesia pflückt hingegen die Gottesmutter goldene Äpfel vom Baum des Lebens. In Summe ist es die Veranschaulichung der Erlösung der Welt durch Christi Tod am Kreuz.

Die Darstellung eines Lebenden Kreuzes taucht im 15. Jahrhundert auf, verschwindet aber etwa in der Mitte des 17. Jahrhunderts zur Zeit der Reformation. Wissenschaftliche Analysen nennen als Grund, dass der theologische Antijudaismus, der in dem Ecclesia-Synagoga-Motiv zum Ausdruck kommt, durch die Säkularisierung der Gesellschaft in den Hintergrund rückte.

Adresse Pfarrkirche St. Andrä, Maglern 2, 9602 Thörl-Maglern | **Anfahrt** A 2 Abfahrt Arnoldstein, auf der B 83 in Richtung italienischer Grenze bis Maglern fahren, beschilderte Abzweigung nach links zur Kirche | **Öffnungszeiten** täglich 9–18 Uhr (Winter 9–17 Uhr), Zeitschalter für Beleuchtung der Fresken neben der Sakristeitür | **Tipp** Es lohnt ein Abstecher über die italienische Grenze: Nur fünf Kilometer von Thörl-Maglern entfernt steht in Coccau oberhalb der Bundesstraße das schöne alte Gebäude der ehemaligen Poststation. Wo einst die Pferde der Postkutschen versorgt wurden, locken heute die Wirtsleute Alcide Cicuto und seine oberösterreichische Frau Karin in ihrem Ristorante Ex Posta mit bester Küche (www.exposta.it).

95 Das Elli-Riehl-Museum

Eine lebendige, heitere Puppenwelt

Sie schmunzeln und lachen, singen und pfeifen, weinen oder sind nachdenklich – als ob sie lebendig wären. Jede der Puppen ist eine Persönlichkeit, ein Unikat, geschaffen von der begnadeten Puppenmacherin Elli Riehl (1902–1977). Mit Nadel und Faden konnte sie die feinsten Gesichtszüge gestalten, aus Draht und Stoffen entstanden die Körper. Lustige Kinder, Porträtpuppen und Kärntner Trachtenfiguren, Sternzeichen-, Märchen- und Krippenfiguren, Engelchen und Teufelchen gerieten durchwegs zu kleinen Kunstwerken. Elli Riehl beobachtete die Menschen ihrer Umgebung genau und hatte die Gabe, jeden Gesichtsausdruck und jede Haltung umsetzen zu können. Vor dem Spiegel studierte sie auch oft an der eigenen Mimik, wie sie beim Nähen einen gewissen Ausdruck gestalten könnte.

Mehr als 700 solcher Puppen sind im Bauernhof der Familie Berger in Treffen zu sehen. Dort, wo Elli Riehl ab 1950 gewohnt hat, ist ein Museum, eine Puppenwelt entstanden. In vielen Vitrinen tummeln sich die Figuren. Sie bilden muntere Szenen jenes ländlichen Lebens, das die Puppenmacherin in der Realität umgab. In Villach als drittes von vier Kindern einer Tischlerfamilie geboren, entwickelte sie schon als kleines Mädchen ihre Liebe zu Puppen. Als Geschenk für eine Freundin in Wien nähte sie Anfang der 1930er Jahre die erste Figur, den Seppele. Der Halterbub (Hirtenjunge) löste viel Bewunderung aus. Deshalb fuhr Riehl mit 34 Puppen zu der Verkaufsausstellung »Wiener Messe«. Mit Aufträgen für zwei Jahre kam sie wieder nach Hause. Große Kinderpuppen gingen 1937 als Muster an einen Großhändler. Ein Zimmerchen im Museum, gestaltet als ihr Arbeitsraum, vermittelt den Eindruck, jeden Moment könnte Elli Riehl hereinkommen und wieder zu nähen beginnen an ihren meist etwa 15 Zentimeter großen Puppenkindern, welche die bäuerliche Kultur Kärntens so herzlich und sympathisch lebendig werden lassen.

Adresse Elli Riehl Puppenwelt, Einöde, Buchholzer Straße 4, 9541 Treffen, www.elli-riehl-puppenwelt.at | Anfahrt A 10 Abfahrt Villach-Ossiacher See, kurz auf der B 94 bis zum Kreisverkehr, B 98 weiter Richtung Treffen, über das Ortszentrum von Treffen circa drei Kilometer hinaus, dann weist rechts ein Schild zur Puppenwelt | Öffnungszeiten Mai–Okt. 10–12 und 14–17 Uhr, Juni–Sept. 9–18 Uhr, Gruppen auch nach telefonischer Vereinbarung | Tipp Ein Blick in die gotische Pfarrkirche von Treffen mit dem romanischen Turm zahlt sich aus. Hier steht in der Weihnachtszeit eine vielfigurige Elli-Riehl-Krippe, in der sich die Puppenkünstlerin selbst als Kniende mit gefalteten Händen dargestellt hat.

96__Das Dinzlschloss

Vom Gutshof zum Kulturzentrum

Eine männliche Figur scheint sich nahe dem Schlosseingang aus einem Marmorblock herauszuwinden. Es ist eine Skulptur des Villacher Künstlers Heinz Ortner aus dem Jahr 1980. Gleich dahinter fällt der Blick auf den kubischen, dreigeschoßigen Schlossbau, dessen Ursprung im 15. Jahrhundert liegt. Alt und modern sind draußen wie drinnen verwoben, denn in diesem historischen Kleinod im Villacher Stadtteil St. Martin pulsiert Kulturleben. Es ist Sitz des Kulturamtes der Stadt Villach. Vor hier aus wird nicht nur kulturelles Leben der Draustadt organisiert und gepflegt: Das Dinzlschloss selbst ist ein geschätzter Veranstaltungsort für Ausstellungen, Lesungen und Konzerte.

Als das Schloss noch ein Gutshof namens Martineck, später Mörtenegg war, gehörte es – wie Villach insgesamt – zum Besitz des Bistums Bamberg. Das in Kärnten jahrhundertelang mächtige Adelsgeschlecht der Khevenhüller baute den Hof 1550 zu einem Schloss um. Die Liste der folgenden Besitzer reicht vom Handelsherrn über Gewerke, Ratsbürger, Adelige und einen Pfarrer bis zur Familie Dinzl, die es 1874 kaufte und 1944 der Stadtgemeinde Villach vermachte. Im Zweiten Weltkrieg stark beschädigt, fungierte der Bau ab 1953 als Lehrlingsheim.

Nach gründlicher Renovierung ist er seit 2007 Sitz des Kulturamtes. Bei den Restaurierungsarbeiten kam auch Kurioses wie eine Latrine aus dem 17. Jahrhundert zutage. Sie wurde zu einer Vitrine umgestaltet, in der nun Keramiken und Gläser aus Venedig, China und Persien ausgestellt sind, lauter Fundstücke bei der Renovierung. Der Saal im ersten Stock spiegelt mit seinem Stichkappengewölbe samt Marmorkapitellen viel Historie wider; bei Ausstellungen ist es ein spannender Kontrast zur modernen Kunst. Vor dem Dinzlschloss sind zwei runde Wehrtürme erhalten. Im umgebenden Park treten Skulpturen Villacher Künstler in optische Kommunikation mit den Besuchern.

Adresse Schloßgasse 11, 9500 Villach, www.villach.at/stadt-erleben/kultur/dinzlschloss | **ÖPNV** Autobus Linie 8570 von Villach Hauptbahnhof (Busbahnhof) bis zur Haltestelle Eishalle | **Öffnungszeiten** Mo–Do 8–12 und 13–16 Uhr, Fr 8–12 Uhr, Sa, So geschlossen | **Tipp** Es muss nicht immer ein großer See zum Schwimmen sein: Der Magdalenensee hat eine Fläche von lediglich 14 Hektar und ist ein erholsamer, ruhiger Badeplatz in einer Mulde nur ungefähr drei Kilometer vom Villacher Stadtzentrum entfernt.

97 Das Kärnten-Relief

Analoge Attraktion mit digitalem Spektakel

Ganz Kärnten in einem Raum! Ein Relief auf 182 Quadratmetern stellt ganz exakt die Topografie des Landes dar. Es ist die größte Landschaftsplastik Europas, so steht am Eingang zu lesen. Ein Rekord, der schon lange besteht, denn das Relief wurde von 1891 bis 1913 gebaut. Die Anregung dazu kam von Ernst Pliwa, damals Direktor der Holz-Fachschule in Villach und Mitglied des Alpenvereines. Die Stadt versprach einen Platz zur Aufstellung, und Spenden von 3.000 Gulden für die Materialkosten wurden gesammelt. So machten sich Lehrer, Schulwart und Schüler der Fachschule an die Arbeit. Zehn Zentimeter Relieflänge entsprechen einem Kilometer, 20 Zentimeter Reliefhöhe sind 1.000 Höhenmeter; dadurch sollten die Gebirge besser zur Geltung kommen. In Abschnitten von 1,8 mal 1,4 Meter wurden Höhenschichtenmodelle hergestellt, davon Gipsnegative abgenommen und die Positive in Weißzement ausgegossen. Die einzelnen Teile wurden im Park neben der Schule auf eine Betonbasis montiert. 1898 ging Ernst Pliwa nach Wien ins Ministerium für Kultur und Unterricht und reorganisierte das Berufsschulwesen. Den Reliefbau behielt er aber im Auge. Die Alpenvereinssektion Villach konnte 1907 die Kosten für die Fertigstellung nicht aufbringen und übertrug das Relief der Stadt. 1913 errichtete diese das nötige Gebäude. So konnte die Bevölkerung schon in einer Zeit das Land von oben sehen, als noch längst nicht Satelliten Bilder lieferten. Eine Sensation!

2016 ist das historische Schaustück digital spektakulär weiterentwickelt worden. Sieben Projektoren, aufwendige Beleuchtungs- und Tontechnik ermöglichen 3-D-Erlebnisse. Die Objektive der Projektoren wurden extra in Japan angefertigt. Alle 30 Minuten starten Multimediashows, welche die Landschaft noch plastischer werden lassen, die Geologie erklären, Sonnenaufgänge simulieren, Naturphänomene sichtbar machen, aber auch Historisches faszinierend erläutern.

Adresse Relief von Kärnten im Schillerpark, Peraustraße 14, 9500 Villach, https://villach.at/stadt-erleben/museum-der-stadt/relief-von-kaernten | **ÖPNV** ECitybus vom Hauptbahnhof bis Haltestelle 8.-Mai-Platz, von dort zu Fuß entlang der 10.-Oktober-Straße zur Peraustraße | **Anfahrt** A 2 Abfahrt Villach-Faaker See, B 84 Richtung Zentrum, Parken in einer der Kurzparkzonen rund um die Peraustraße oder im Conti Parkhaus Zentrum (Hausergasse 13), circa 200 Meter vom Relief entfernt | **Tipp** Wer Lust auf Villach von oben hat, der erklimmt den Turm der Stadtpfarrkirche St. Jakob, übrigens mit 94 Metern der höchste Kirchturm Kärntens (www.villach.at/stadtpfarrturm).

98 Der Paracelsushof

Der Beginn einer revolutionären Arztkarriere

Es ist leicht zu übersehen: Ein graues Haus steht am Villacher Hauptplatz, im Erdgeschoß dominiert eine Bankfiliale, das Schild darüber gibt Auskunft über die einstigen Bewohner. Es steht in seiner Unscheinbarkeit in krassem Gegensatz zur Bedeutung dieser Personen: Es waren Wilhelm Bombast von Hohenheim und sein Sohn, »der berühmte Arzt, Chemiker und Philosoph Philippus Theophrastus, auch genannt Aureolus Bombastus Paracelsus«. Durch die schmale Gasse links gelangt man in den von Bogengängen gezierten Renaissancehof dieses Hauses samt den zwei runden Marmorreliefs mit den Köpfen von Wilhelm und Paracelsus, angefertigt vom Bildhauer Josef Dobner.

Nach dem Tod seiner Frau zog Wilhelm 1502 aus Einsiedeln in der Schweiz, wo sein Sohn Theophrastus 1493 geboren worden war, nach Villach und wurde dort zum angesehenen Stadtarzt. Theophrastus kam so mit der Medizin in Berührung und besuchte diverse Schulen. Im Alter von 16 Jahren verließ er Kärnten, studierte Medizin an verschiedenen Universitäten und promovierte 1516 in Ferrara zum »Doktor beider Arzneien«, der Inneren Medizin und der Chirurgie. In ganz Europa war er nun als Arzt neuen Stils tätig. Besonders berühmt wurde sein Satz »Sola dosis facit venenum« (nur die Dosis macht das Gift), heute eine Basis der Homöopathie. Den Namen Paracelsus hatte er sich um 1528/1529 wohl selbst gegeben. »Celsus« bedeutet »erhaben«, was seine Ablehnung der veralteten Schulmedizin ausdrücken sollte. Er kritisierte zum Beispiel heftig die antike Lehre von den vier Körpersäften Blut, gelbe Galle, schwarze Galle und Schleim, deren Ausgewogenheit für die Gesundheit nötig sei. In den Jahren 1538 bis 1540 wohnte er wieder in Kärnten, was unter anderem eine Bescheinigung über seine Erbberechtigung nach dem Tod seines Vaters (1534) bezeugt. Eine seiner etwa 500 Schriften hat Paracelsus Kärnten gewidmet. Ihr Titel: »Chronica und ursprung dieses landts Kärnten«.

Adresse Hauptplatz 18/Seilergasse, 9500 Villach, Information über Stadtführungen unter www.villach.at | Anfahrt Das Haus liegt in der Fußgängerzone des Hauptplatzes. | Tipp Viele interessante Facetten der Villacher Stadtgeschichte sind im Stadtmuseum nahe dem Hauptplatz in der Widmanngasse 38 zu entdecken (www.villach.at/stadt-erleben/museum-der-stadt).

99_Die Türkei

Eine Idylle mit kriegerischer Legende

Die Türkei liegt zwischen Villach und dem Faaker See. Natürlich nicht die echte Türkei, sondern ein so benanntes kleines Tal samt malerischem Wanderweg. Hier spaziert es sich idyllisch, inmitten von Vogelgezwitscher und Grillenzirpen, zwischen Waldstücken mit alten Bäumen und schmalen Feldern, ein Bach plätschert durch eine kleine Siedlung. Der Name Türkei erklärt sich aus der Zeit der Türkenüberfälle. 1478 wüteten wieder einmal die Türken in Kärnten, auch hier. Der Legende nach hatten sie in dieser Talmulde ein Heerlager aufgeschlagen. Ein Villacher Bürger – nach einer Gefangenschaft der türkischen Sprache mächtig – sei ins Lager geschlichen und habe von einem geplanten Angriff auf Villach erfahren. Im Wissen, dass man Türken durch das Erklingen christlicher Kirchenglocken aus dem Konzept bringen könne, hätten sich einige Männer auf den Turm der nahen Kirche Maria Gail begeben und bei Beginn des Angriffs heftig die Glocken geläutet. Es sei ein großes Durcheinander entstanden. Die Türken hätten zwar die Kirche und das Dorf angezündet, seien aber dann aus der Gegend und dem Tal, wo ihr Lager stand, geflohen.

Der Spaziergänger hat in dieser Türkei an einer Weggabelung zu entscheiden, ob er in Richtung Drobollach am Faaker See geht oder über die Orte Kratschach und Serai in Richtung Maria Gail. Serai? Entsprechend dem türkischen Serail, dem Sultanspalast? Es gibt solche Deutungen. Doch Sprachwissenschaftler sehen das anders: Serai komme vom slowenischen Seraje, entsprechend dem Wort sreje, übersetzt Mitterdorf. Und der Name Türkei könnte sich als ebenfalls slawischer Flurname von »tur-«, der Biegung, Krümmung (des Hangs) herleiten. Aber was soll's! Legenden sind nun einmal unterhaltsamer! Und die Anwesenheit von Türken in diesem Gebiet ist in Dokumenten belegt. Zum Dank für die Abwehr läuten jedenfalls bis heute in Maria Gail immer samstags um 15 Uhr die Kirchenglocken.

Adresse Türkeiweg, 9580 Villach | **Anfahrt** A 11 Abfahrt St. Niklas-Faaker See, rechts auf die Grossattelstraße abbiegen, bis zum Kreisverkehr, erste Ausfahrt (Ribnigstraße), nach etwa 100 Metern steht rechts an der Straße das Schild »Türkei«, daneben Parkmöglichkeit | **Tipp** Die Pfarr- und Wallfahrtskirche von Maria Gail (nach den Türkenangriffen 1486 neu geweiht) wird schon 1136 erstmals urkundlich erwähnt, ist also eine der ältesten Kirchen Kärntens und birgt einen wunderbaren spätgotischen Flügelaltar aus der Zeit um 1515.

100 Die »Sonnenwege«

Lass deinen Schatten hinter dir …

Sich dem Himmel ein bisschen näher fühlen – das kann empfinden, wer einen Berg erklimmt. Das gilt auch für den Dobratsch, den Hausberg Villachs. Nicht nur wer den 2.167 Meter hohen Gipfel erwandert, kann derlei Emotion entwickeln, sondern auch wer auf der Rosstratten (auf 1.732 Meter Höhe), dem Endpunkt der Villacher Alpenstraße, die Geheimnisse der Sonne, der Jahreszeiten, der Monate und Tage erforschen mag. Denn hier wurde 2016 eine Anlage namens »Sonnenwege« geschaffen.

In der Mitte ist eine Nachbildung der berühmten »Himmelsscheibe von Nebra« postiert. Diese runde Scheibe ist nach bisherigen Forschungen etwa 3.600 Jahre alt und gilt als die erste Himmelsdarstellung der Welt mit Sonne, Sichelmond, Sternen sowie Markierungen für den Sonnenauf- und -untergang bei der Winter- und Sommersonnenwende. Das Original aus Bronze mit Goldauflagen befindet sich im Landesmuseum für Vorgeschichte in Halle an der Saale in Deutschland. Die Reproduktion auf dem Dobratsch ist dem geografischen Punkt entsprechend ausgerichtet und umgeben von Informationstexten. Exakt dazu positioniert sind vier Steinmonolithe, jeweils zweigeteilt, die bei Winter- und Sommerbeginn morgens den ersten und abends den letzten Sonnenstrahl durchlassen. Dazwischen stehen mehrere Sonnenuhren. Eine doppelte zeigt auf einem Marmorsockel sowohl die Mitteleuropäische Normalzeit als auch die Sommerzeit an. Die Bodensonnenuhr fragt man mit dem eigenen Schatten nach der Uhrzeit.

Angesichts solcher Eindrücke gilt das Sprichwort: »Wende dich der Sonne zu, dann lässt du den Schatten hinter dir.« Zuwenden muss sich der Besucher auch der phantastischen Aussicht über die Kärntner Seenlandschaft. Entlang der Alpenstraße locken noch andere Aussichtspunkte, vor allem die Plattform »Rote Wand«, die einen schaurig-schönen Blick auf den steilen Abriss eröffnet, wo nach einem Erdbeben im Jahr 1348 ein riesiger Felssturz abging.

Adresse Rosstratten, Villacher Alpenstraße, 9500 Villach | ÖPNV Ein Postbus fährt vom Hauptbahnhof Villach auf den Dobratsch von Juni–Okt. jeden Mi und Sa, von Mitte Juni–Anfang Sept. zusätzlich jeden So, www.kaerntner-linien.at | Anfahrt mit dem Pkw auf der B 86 bis zum Villacher Ortsteil Möltschach, dort zweigt die 16,5 Kilometer lange Villacher Alpenstraße ab (mautpflichtig Mitte April–Mitte Nov.), www.villacher-alpenstrasse.at | Tipp Nahe der Aussichtsplattform Rote Wand beim Parkplatz 6 der Villacher Alpenstraße ist ein 10.000 Quadratmeter großer Alpengarten mit etwa 800 verschiedenen alpinen Pflanzen angelegt.

101 Die Adlerarena

Rasputin und Hannibal ziehen ihre Flugbahn …

»Schau, die Hedwig«, quietscht ein Junge begeistert. Die Schnee-Eule sitzt ganz ruhig in ihrer Voliere auf der Burg Landskron und hat offenbar nichts dagegen, als Harry Potters berühmte Eule angesprochen zu werden. Aber anders als die Posteulen in Hogwarts hat sie keine Lust zu fliegen. Bei der Flugschau lässt sie sich von einem Verwandten vertreten: dem Sibirischen Uhu. Rasputin heißt er und zieht seine Bahn in der Arena mal ganz knapp über den Köpfen der Zuschauer von einem Holzpflock zum anderen oder weit draußen über der Landschaft, um dann auf der Hand des Falkners zu landen und rundum zu schauen, als ob er Applaus erwartet. Auch andere Greifvögel haben ihre eindrucksvollen Auftritte, die Rotmilane etwa oder Wanderfalke Linus und Adler Hannibal. Fallweise haben sie auch Lust auf einen Ausflug und kommen erst nach Tagen oder Wochen wieder. Die Riesenseeadler-Dame Maja kehrte gar erst nach vier Jahren zurück.

Es ist das Anliegen dieser Greifvogelwarte, Wissen über die Tiere und ihr Verhalten zu vermitteln. Wer weiß schon, dass ein Steinadler zwei Drittel des Tages damit verbringt, seine 18.000 Federn am Körper zu pflegen. Oder dass das Revier eines Steinadlers normalerweise fünfmal so groß ist wie der Wörthersee. Die Adlerarena macht auch bei internationalen Zuchtprogrammen für gefährdete Arten mit. Da ist dann zum Beispiel die Freude groß, wenn es bei den vom Ausrotten bedrohten Mönchsgeiern Nachwuchs gibt. Alle Tiere hier, mehr als 20 Greifvogelarten, stammen aus Nachzucht und nicht aus freier Wildbahn. Aber ungefähr 100 verletzte Wildvögel werden jedes Jahr in der Pflegestation versorgt und danach gesund an jenen Stellen wieder in die Freiheit entlassen, wo sie gefunden wurden. Manche Vögel in Landskron werden – wie Harry Potters Hedwig – tatsächlich Stars in Natur- oder Spielfilmen. Aber keine Sorge: Die Bedürfnisse der Tiere haben bei solchen Aktivitäten auf jeden Fall Vorrang.

Adresse Adlerarena / Greifvogelwarte Burg Landskron, Schlossbergweg, 9523 Villach, https://adlerarena.com | Anfahrt entweder im Ortsteil Villach-Landskron von der B 83 auf die Ossiacher Straße fahren bis zur Abzweigung Adlerarena oder A 10 Abfahrt Villach-Ossiacher See, B 94 Richtung Ossiacher See, rechts abbiegen Richtung Ossiach und der Beschilderung Adlerarena folgen | Öffnungszeiten 20. Mai – 30. Juni und Sept. täglich 10.30 – 16 Uhr, Juli und Aug. täglich 10.30 – 18 Uhr, 1. Okt. – 1. Nov. 10.30 – 16 Uhr, Flugschau 20. Mai – 1. Nov. 11, 13, 15 Uhr, Juli, Aug. täglich auch 17 Uhr | Tipp Auf dem Affenberg, dem Hügel neben der Adlerarena, leben etwa 170 Japan-Makaken, die besucht werden können, aber nur mit Führung. Als Außenstelle der Fakultät für Lebenswissenschaften der Universität Wien ist der Affenberg auch ein Ort wissenschaftlicher Arbeit (www.affenberg.com).

102 Die Gladiolenwiese

Botanische Raritäten im Bergsturzgebiet

Im Juni färbt sich eine weite, feuchte Wiese an der Südflanke des Berges Dobratsch mit einem Hauch von Rosarot: Die Illyrische Gladiole *(Gladiolus illyricus)*, auch Illyrische Siegwurz genannt, blüht! Sie ist eine Rarität, zählt sie doch zu den stark gefährdeten Pflanzenarten und ist streng geschützt. In Österreich ist sie nur hier zu finden. Der Beiname illyrisch weist darauf hin, dass das ursprüngliche Hauptverbreitungsgebiet Illyrien, der westliche Teil des Balkans, war. Der Name Gladiole leitet sich vom lateinischen *gladius*, dem römischen Schwert, ab, weil der Stängel mit den spitzen Blütenblättern an ein Schwert erinnert. Der Naturschutzbund hat hier Flächen gekauft, um den Standort für die wilde Gladiole zu erhalten. Büsche und Föhren in der Nachbarschaft des ursprünglich kleinen Restvorkommens wurden entfernt; so kann sich die rosa Blütenpracht auf einer großen Fläche verbreiten. Spät im Jahr wird die Wiese gemäht und das Mähgut abtransportiert, um Düngung zu vermeiden. Das fördert die Illyrischen Gladiolen und andere botanische Kostbarkeiten. Hier wachsen im Frühsommer auch diverse Knabenkräuter (*Dactylorhiza*, wilde Orchideen), die Sibirische Schwertlilie *(Iris sibirica)* und das Knollen-Mädesüß *(Filipendula vulgaris)*.

Die Gegend wird Schütt genannt, denn es ist ein Ablagerungsgebiet etlicher Bergstürze. So lösten sich im Jahr 1348 nach einem schweren Erdbeben in Friaul viele Millionen Tonnen Fels vom Dobratsch und stürzten zu Tal. Entgegen ursprünglicher Überlieferung wurden dabei keine Siedlungen verschüttet, aber die Felsmassen stauten den Fluss Gail auf, sodass ein drei Kilometer langer See entstand. Deshalb mussten zwei Dörfer aufgegeben werden. Durch verschiedene Abbrüche des Berges in der älteren und jüngeren Geschichte entstand die größte Bergsturzlandschaft der Ostalpen, die sich durch große Artenvielfalt auszeichnet. Sie steht insgesamt unter Naturschutz.

Adresse Schütter Straße 124, 9587 Villach-Oberschütt | Anfahrt A 2 Abfahrt Villach-Warmbad, dann über die L 30 (Schütter Straße) bis zum Feuerwehrhaus in Oberschütt neben der Kirche, dort ist ein kleiner Parkplatz, von hier zu Fuß etwa zehn Minuten der Beschilderung Gladiolenwiese folgen | Tipp Wer gern lange Wanderungen macht, kann auf einem Rundwanderweg in vier Etappen von je 17 bis 18 Kilometern den Dobratsch umkreisen und dabei viele verschiedene Naturräume kennenlernen. Details sind zu finden auf www.visitvillach.at/de/dobratsch-rundwanderweg.html.

103 Das Urquellbecken

Perlendes Thermalwasser mit viel Geschichte

Was ist es doch für ein herrliches Gefühl, in ein Wasser eintauchen zu können, das sich wie Seide anfühlt! Kleine Bläschen steigen vom Kiesboden des Urquellbeckens auf. Dies ist zu sehen und zu spüren, wenn es morgens noch ganz ruhig ist. Einzigartig in Europa – das ist die Marke dieses Thermalwasserbeckens, denn nirgendwo sonst quillt das Wasser direkt durch den Kiesboden in ein Bassin. Und es quillt mit etwa 27 bis 29 Grad Celsius in großen Mengen, denn alle drei Stunden ist das Wasser in dem 25 mal 15 Meter großen Becken vollständig erneuert. Was besonders den ersten morgendlichen Schwimmern das Empfinden gibt, seidig umschmeichelt zu werden. Weg mit den Beschwerden des Bewegungsapparates und des vegetativen Nervensystems!

Schon die Römer genossen hier Badefreuden. Funde aus dem 2. Jahrhundert nach Christus weisen darauf hin, aber auch Weihealtäre der Vibes, der Quellgöttinnen. Einige Reste aus römischen Zeiten sind im Foyer des Kurzentrums ausgestellt. 1445 wird das »warme pad bey Villach« erstmals schriftlich erwähnt. Das Wasser aus den Tiefen des Dobratschs, des Villacher Hausberges, galt damals auch als heilsam »gegen hitzige Gemütsbewegungen«. Ein Kupferstich von 1688 zeigt ein Wirtshaus und zwei überdeckte Badebecken. Das eine Becken war für das simple Volk (das, oh Schreck, auch schon mal nackt badete), das andere für noblere Gäste. Mitte des 19. Jahrhunderts brachte ein neues Kurhaus, der Walterhof (benannt nach den damaligen Besitzern), einen Aufschwung. 1898 wurden die beiden Bassins zusammengelegt. Das Thermalhallenbad war nun 60 Jahre lang das größte Europas – das heutige Urquellbecken. Wer dort genussvoll schwimmt, sieht die Chronik der Therme als Wandbild aus Marmorintarsien, gestaltet 1959 vom Grazer Künstler Franz Rogler: Da erfreuen sich eine Römerin an der sprudelnden Quelle ebenso wie edle spätmittelalterliche Damen und Badegäste um 1900.

Adresse Thermenresort Warmbad-Villach mit Hotel Warmbaderhof, Kadischenallee 22–24, 9504 Villach-Warmbad , www.warmbad.com | **ÖPNV** Zug vom Hauptbahnhof Villach bis zum Bahnhof Warmbad-Villach | **Anfahrt** A 2 Abfahrt Warmbad-Villach, der Beschilderung zur Therme folgen | **Tipp** Nahe beim Kurzentrum im Wald entspringt fallweise eine weitere Thermalquelle, das »Maibachl«, allerdings nur nach viel Niederschlag oder im Frühjahr bei Schneeschmelze. Der Quellbereich ist ein auch bei Einheimischen beliebter wilder Badeplatz.

104 Die Abstimmungsfresken

Kärntner Geschichte in Monumentalbildern

Mit ernster Miene steckt ein Mann einen Zettel in eine Wahlurne, dahinter stehen dicht gedrängt andere Menschen, um dasselbe zu tun. Militärs beobachten das Geschehen. Diese Szene eines riesigen Freskos zeigt ein Kernstück der Geschichte Kärntens: die Volksabstimmung, bei der am 10. Oktober 1920 unter Aufsicht der Siegermächte des Ersten Weltkriegs über den Verbleib Südkärntens bei Österreich entschieden wurde. 59 Prozent der Südkärntner stimmten für Österreich (darunter auch mehr als 10.000 Kärntner Slowenen), knapp 41 Prozent für einen Anschluss an Jugoslawien. Der Abstimmung war ein blutiger Abwehrkampf gegen die Truppen des von Serben, Kroaten und Slowenen gegründeten SHS-Staates vorangegangen.

Dieses Fresko ist Teil eines Zyklus, der zum Zehn-Jahres-Jubiläum der Volksabstimmung entstand. Die Darstellungen entsprechen der üblichen epischen Breite der Historienmalerei. Die Wandbilder stammen aus dem Festsaal des Deutschen Vereinshauses in Klagenfurt. Dieses Gebäude war Ende der 1920er Jahre auf einer alten Schießstätte errichtet worden. 1930 hat der Wiener Maler Hermann Heller (1866–1949) die Fresken geschaffen. Heller, der neben einem Medizinstudium auch Historienmalerei an der Akademie der bildenden Künste Wien studiert hatte, heiratete 1913 nach Klagenfurt. Er fertigte Entwürfe für den Abstimmungszyklus an und führte ihn dann gemeinsam mit dem Wiener Illustrationsmaler Alexander Rothaug (1870–1946) aus. Aus dem Deutschen Vereinshaus in der Sponheimerstraße 13 wurde nach dem Zweiten Weltkrieg das ORF-Landesstudio Kärnten. 1958 erfolgte ein Umbau, die Fresken sollten weichen. Durch eine Spendenaktion gelang es, sie zu retten. Der Restaurator Rainer Treven übertrug sie auf Leinwand. Seit 1984 ist ein Großteil des Zyklus im Völkermarkter Stadtmuseum ausgestellt, das zu wesentlichen Teilen der Dokumentation der Volksabstimmung gewidmet ist.

Adresse Stadtmuseum Völkermarkt, Faschinggasse 1, 9100 Völkermarkt, www.voelkermarkt.gv.at | Anfahrt A2 Abfahrt Völkermarkt-Ost oder -West, Richtung Zentrum fahren, das Museum liegt gleich links nach der Durchfahrt durch das alte Stadttor | Öffnungszeiten 1. Mai–31. Okt. Di–Fr 10–13 und 14–16 Uhr, Sa 9–12 Uhr, So, Mo und Feiertag geschlossen | Tipp Schiffsrundfahrten auf dem Völkermarkter Stausee zeigen viel Interessantes über das Biotop und die Kultur rund um die aufgestaute Drau. Die Anlegestelle liegt zu Füßen des Stadtkerns nahe der Völkermarkter Draubrücke (www.drauschifffahrt.at).

105 Die Ganzjahresidylle

Klares Wasser oder dickes Eis

»Wir starten«, ruft Kapitän Hans. Die Fahrt über den Weißensee in der gleichnamigen Großgemeinde mit dem Schiff gleichen Namens geht los. Hans ist der lebende Beweis, dass an diesem mit 940 Meter höchstgelegenen Kärntner See nicht nur im Winter Niederländer zu finden sind. Er stammt aus Südholland und lebte lange am Meer, ehe es ihn zum Weißensee verschlug. Wenn von Dezember bis Februar der See einen halben Meter dick zufriert, verwandelt er sich mit sechseinhalb Quadratkilometern in Europas größte Natureislauffläche. Tausende Niederländer kommen im Januar und flitzen bei ihrer »11-Städte-Tour« über den See, Hobbyeisläufer genauso wie Profis, mit dem 200-Kilometer-Rennen als Höhepunkt. Wer gern ruhiger übers Eis gleitet, tut das in dieser Zeit am Ostufer des Sees. Dort ist es urtümlich, denn zum belebten Westufer gibt es keine Straßenverbindung. Nur vom Drautal aus über den Ort Stockenboi kann man es erreichen. Das weitgehend intakte Naturparadies rund um den See war 1987 Drehort für Szenen des James-Bond-Films »Der Hauch des Todes«.

In der warmen Jahreszeit ist von vielen Wanderwegen aus zu sehen, woher der Weißensee seinen Namen hat: von den Uferzonen, die aufgrund des kalkhaltigen Untergrundes weiß schimmern. Fast schwarz ist der See an der mit 99 Metern tiefsten Stelle nahe der »Kleinen Steinwand«. Im Ort Techendorf überquert an der schmalsten Stelle die einzige Brücke den See. Es ist seit dem 11. Jahrhundert eine wichtige Verbindung. Dies gilt besonders für das 17. Jahrhundert, als die Gegend ein Zentrum des Geheimprotestantismus war. An der Brücke starten die Linienschiffe, sie fahren über den 11,6 Kilometer langen See mit Stopps bei acht Anlegestellen. Außer der »Weissensee« tut das auch die »Alpenperle«, Österreichs erstes Elektro-Hybrid-Fahrgastschiff. Private Motorboote sind verboten. Das freut Badende und Angler. Diese ziehen gern riesige Forellen aus dem klaren Wasser.

Adresse Gemeinde Weißensee, Techendorf 90, 9762 Weißensee, https://gemeinde-weissensee.at | Anfahrt A 10 Abfahrt Knoten Spittal, weiter auf der E 66 und der B 100 (Drautalstraße) bis Greifenburg, dort links der B 87 Richtung Weßsensee folgen. Ostufer: A 10 Abfahrt Feistritz an der Drau / Paternion, dann auf der L 42 (Paternioner Straße) und der L 32 (Stockenboier Straße) bis zum Weißensee fahren | Tipp Ein romantischer Platz zum Entspannen sind am Nordufer die Terrassen des Seecafés Ronacherfels direkt am Wasser. Auch das Appartementhaus dahinter bietet freien Blick auf herrliche Sonnenuntergänge (www.ronacherfels.at).

106 Das Kloster

Vom Brennnesselschloss zum Gästehaus

»Heuer blühen sie besonders schön!« Die zarte Klosterschwester steht lächelnd vor dem Blumenbeet, in dem Rosen und andere bunte Blüten leuchten. Gegenüber öffnet sich das Renaissancetor des Schlosses Wernberg mit den Büsten von Georg Freiherr von Khevenhüller, der das Schloss um 1570 ausgebaut hat. Neben ihm sind seine erste Frau Anna und seine zweite Frau Sibylla dargestellt. Beide waren starke Frauen. Viel Kraft brauchten 1935 auch die »Missionsschwestern vom Kostbaren Blut«. Dieser 1880 vom Trappistenmönch Franz Pfanner gegründete Orden übernahm 1935 das Gebäude in überaus desolatem Zustand. »Brennnesselschloss« nannte es damals die Bevölkerung; von Blumen vor dem Tor war keine Rede. Doch ein großer Garten wurde rasch angelegt.

Jahrzehntelang revitalisierte die Kongregation die Baulichkeiten, die sich so eindrucksvoll über der Drau erheben. Bei der Restaurierung der Schlosskirche in den 1960er Jahren wurden prachtvolle Fresken des Kärntner Barockmalers Josef Ferdinand Fromiller (1693–1760) entdeckt, dessen Werke in etlichen Kirchen des Landes zu bestaunen sind. Viele der Stuckornamente, welche die Wandbilder einfassen, erinnern an die Vielfalt der Pflanzen, die das Schloss umgeben und die den Missionsschwestern stets am Herzen lagen. Sie betrieben erfolgreich ein landwirtschaftliches Gut und einen Klostergarten. Ihr Wissen über Kräuter war und ist legendär. Weil aber auch Klosterschwestern nicht jünger werden und der Nachwuchs fehlt, ist die Landwirtschaft inzwischen verpachtet. Der Garten heißt nun »Weltgarten« und ist Teil eines Sozialprojektes: Langzeitarbeitslose säen, pflanzen, jäten und ernten hier. Sie setzen auch gemeinsam mit den Schwestern deren Expertise in Kräuterprodukte vom Sirup bis zur Creme um.

Das Kloster-Schloss ist überdies ein Bildungs- und Gästehaus geworden, das in hektischen Zeiten mit seiner Atmosphäre zur Besinnung anregt.

Adresse Kloster Wernberg, Klosterweg 2, 9241 Wernberg, www.klosterwernberg.at | Anfahrt A 2 Abfahrt Wernberg, im Ort der Beschilderung zum Kloster folgen | Tipp Die Landfleischerei Fruhmann in Wernberg samt zugehörigem Gasthaus ist für alle mit großem Gusto auf Bodenständiges ein beliebter Fixpunkt, sei es für den Einkauf, sei es für ein opulentes Essen an Ort und Stelle (www.fruhmann.at).

107_Der Mautturm

Eine Welt funkelnder Kristalle

Es ist nicht alles Gold, was glänzt. Doch Goldfunde in den Hohen Tauern lösten jahrtausendelang immer wieder Phasen wahren Goldrausches aus. Außerdem glänzen Kristalle und faszinieren – nicht nur die Kristallsucher. Lois Tabernig aus Dölsach hatte ordentlich zu schleppen, als er einen 78 Kilogramm schweren Bergkristall aus 3.000 Meter Seehöhe vom Hocharn im Großen Fleißtal bei Heiligenblut fünf Stunden lang ins Tal getragen hat. Es heißt, dieser sei der schönste Bergkristall Österreichs. Nun steht dieses Prachtstück im Mautturm in Winklern. Dort zeigt eine faszinierende Ausstellung auch andere außergewöhnliche Kristalle, alle aus der Gegend der südlichen Hohen Tauern. Viele »Stufen«, so werden die Gebilde genannt, sind aufsehenerregend, etwa die größte Rauchquarzstufe der Ostalpen, ebenfalls aus dem Hocharngebiet stammend. Zwei Sommer lang wurde gearbeitet, um sie mit ihren 265 Kilogramm zu bergen. »Strahler« heißen die Kristall- und Mineraliensucher. Sie brauchen nicht nur eine gute Kondition, sondern auch ein geübtes Auge und geologisches Wissen. Kristallstufen bis zu 100 Kilogramm werden in einer Kraxe, einem Tragegestell am Rücken, transportiert. Immer wieder passierten Unfälle beim Bergen riesiger Kristalle; auch noch heute kann das Mineraliensammeln eine gefährliche Sache sein. Die im Mautturm gezeigten Objekte stammen aus der Sammlung des Geologen und Mineralogen Georg Kandutsch, der sich als Experte mit vielen Projekten, Vorträgen und Publikationen auch international einen Namen gemacht hat.

Winklern liegt an der Kreuzung uralter, wichtiger Straßen, die in die Goldabbaugebiete führten. Schon die Römer dürften hier einen Wachturm errichtet haben. Im Mittelalter wurden Zölle und Maut erhoben. 2004 bekam der Mautturm nach Plänen der Architektin Jana Revedin außen eine moderne Holz-Stahl-Konstruktion angesetzt und wurde auch innen auf attraktive Weise als Ausstellungsraum begehbar gemacht.

Adresse Winklern 39, 9841 Winklern | **Anfahrt** auf der B 106 (Mölltalstraße) Richtung Großglockner bis Winklern fahren | **Öffnungszeiten** Mitte Mai–Anfang Okt. täglich 9.30 – 17.30 Uhr | **Tipp** Wer neugierig auf die Geheimnisse des Goldbergbaus in den Hohen Tauern ist, fährt von Winklern weiter nach Großkirchheim zur Tauerngold-Ausstellung im Putzenhof (www.putzenhof.at) oder nach Heiligenblut ins Goldgräberdorf, wo das Goldwaschen probiert werden kann (www.goldgraeberdorf-heiligenblut.at).

108 Die Annakapelle

Ein Kuriosum des Bäckerstandes

Ein Brezel auf dem Firmenschild einer Bäckerei, das ist häufig anzutreffen. Aber das Brezel als Relief auf dem Außenpfeiler einer gotischen Kapelle ist etwas Außergewöhnliches. Die der heiligen Anna geweihte Kapelle gleich hinter der Pfarrkirche von Wolfsberg, erstmals 1497 erwähnt, kann das bieten. Nun werden Kundige anmerken, dass das Brezel interpretiert werden kann als das Brot gewordene Symbol überkreuzter, betender Arme, also für einen Sakralraum durchaus passend ist. Trotzdem ist diese Kapelle eine Besonderheit, denn sie wurde nicht nur von der örtlichen Bäckerzunft errichtet, sondern sie gehört bis heute der Bäckerinnung, die sich um den Erhalt kümmert. Das gibt es sonst nirgends in Österreich.

Also wird die Annakapelle auch Bäckerkapelle genannt. Die frühesten Berichte über das Bäckerhandwerk in Kärnten stammen aus dem 14. Jahrhundert. Da gab es schon die Brezel im Bäckerwappen. Wie andere Berufsgruppen auch hatten sich die Bäcker zu Zünften zusammengeschlossen. In speziellen Häusern oder Kirchen fanden die Zusammenkünfte statt. Die Pfarre Wolfsberg informiert darüber, dass die Bäcker der Stadt vermutlich beim bambergischen Vizedom (dem geistlichen Statthalter, Wolfsberg gehörte damals zum Bistum Bamberg) den Wunsch nach einem Fonds geäußert hätten, um alten Bäckern den Lebensabend zu erleichtern. So sei als Zuschlag zur erhobenen Brotsteuer der sogenannte Anna-Groschen eingeführt und mit dem Ertrag auch die Annakapelle finanziert worden, als Kommunikationsraum der Zunft, ebenso für Hochzeiten, Taufen und Beerdigungen. Das beweist der Steindeckel der Gruft am Kapellenboden mit Brezel, Kipferl und Brotlaib. Eine geschnitzte Annafigur krönt den gotischen Flügelaltar. Die heilige Anna ist – im Volksglauben verehrt als »mulier fortis«, als starke Frau – nicht nur eine Patronin des Bergbaus, sondern auch eine Standespatronin der Bäckerzunft.

Adresse Markusplatz 68, 9400 Wolfsberg | Anfahrt A 2 Abfahrt Wolfsberg-Süd oder -Nord, auf der B 70 in Richtung Zentrum fahren | Öffnungszeiten Juni – Sept. täglich 8 – 13 Uhr, Okt. – Mai Do und Fr 8 – 13 Uhr, ein Blick in die Kapelle ist auch durch eine Luke in der Tür möglich | Tipp Die Pfarrkirche St. Markus neben der Annakapelle ist ein erstaunlicher Bau, der aus der Spätromanik stammt, allerdings in der Gotik und im Barock verändert wurde. Erhalten ist das romanische Hauptportal und im Inneren rechts auf einem Mittelpfeiler ein eindrucksvolles Steinrelief des Markuslöwen mit dem Kopf des Evangelisten.

109 Das Lavanthaus

So spannend kann Geschichte sein

»D'rschiachn«. Bedeutet das grausen oder erschrecken? Letzteres! Der Lovntol'er, also der Lavanttaler Dialekt, ist für Nicht-Lavanttaler eine Herausforderung, wie ein interaktives Dialekt-Quiz im Museum im Lavanthaus zutage fördert. Die Trachten der Gegend sind farblich dunkler als sonst in Kärnten, mit speziellen Scheibenhüten. Daneben steht im Museum das typische bäuerliche Schwarzhafner-Geschirr. Die Poesie der Dichterin Christine Lavant (1915–1973) berührt, indem sie deren Verletzlichkeit offenlegt, besonders wenn es – wie hier – Gelegenheit gibt, das Werden eines Gedichts in etlichen Überarbeitungen nachzuvollziehen: »Herrgott wie wassrig wird der Wein, darin das Sonnensalz zergeht, ich lass das kleine Stoßgebet und springe in den Zorn hinein!« Lavant (eigentlich Thonhauser) war das neunte Kind einer Bergarbeiterfamilie. Im 19. und 20. Jahrhundert wurde im Lavanttal Braunkohle für die Eisenindustrie abgebaut, zuvor schon Eisenerz, Gold und Silber. Eindringlich erzählt das Museum auch davon, dass Wolfsberg eine Lagerstadt war: im Ersten Weltkrieg mit einem Flüchtlingslager für bis zu 7.500 Ruthenen (Ukrainer), im Zweiten Weltkrieg mit einem Lager der deutschen Wehrmacht für bis zu 40.000 Kriegsgefangene, nach Kriegsende mit einem Gefangenenlager der Briten für NSDAP-Funktionäre.

Ganz zentral steht im Ausstellungsraum eine spätgotische »Madonna auf der Mondsichel« aus der Wolfsberger Dreifaltigkeitskirche, als wollte sie beruhigend über den Gang durch die Geschichte wachen. Alte steinerne Säulen tragen die Gewölbe des Ausstellungsbereichs, Reste eines Wirtschaftsgebäudes des nahen Schlosses Bayerhofen, auf die der Neubau des Lavanthauses aufgesetzt wurde. 3.000 Quadratmeter bieten Platz für Firmenbüros und das Museum. Dieses wurde 2009 eröffnet und ist für die gelungenen Präsentationen in 15 Modulen und wechselnden Sonderausstellungen schon mehrfach ausgezeichnet worden.

Adresse Museum im Lavanthaus, St. Michaeler Straße 2, 9400 Wolfsberg, www.museum-lavanthaus.at | Anfahrt A 2 Abfahrten Wolfsberg-Süd oder -Nord, der B 70 durch Wolfsberg und der Beschilderung Museum im Lavanthaus folgen | Öffnungszeiten 1. Feb.–30. April Mi–Sa 10–16 Uhr, Mo, Di und Feiertage geschlossen, 1. Mai–31. Okt. Mi–So 10–17 Uhr, Mo, Di geschlossen | Tipp In St. Stefan im Lavanttal befindet sich das Geburtshaus von Christine Lavant, die Bäcklkeusche am südlichen Ortsbeginn. Das ehemalige Kaufhaus Lintschnig war dann ihr langjähriger Wohnsitz, woran eine Gedenktafel an der Fassade erinnert. Bestattet ist sie in einem Ehrengrab auf dem Ortsfriedhof.

110 __ Das Mausoleum

Weiß leuchtet der Marmor am Schlossberg

Ein großes Schloss mit einem kleinen Geheimnis – das ist das Schloss Wolfsberg, das 1178 erstmals urkundlich erwähnt wird. Graf Hugo Henckel von Donnersmarck hat es 1846 erworben und bis 1854 im englisch-gotischen Tudorstil umbauen lassen. Mächtig thront es auf dem Hügel über der Stadt. Etwas südöstlich davon steht, wie ein kleines Geheimnis aus weißem Marmor, ein italienisch anmutender Bau. Es ist das Mausoleum, das Graf Hugo errichten ließ für seine 1857 verstorbene Frau Laura von Hardenberg (eine Verwandte des als Novalis bekannten Dichters Friedrich von Hardenberg). Nicht irgendwer war der Architekt des Baus, sondern Friedrich August Stüler, Schüler des großen Klassizisten Karl Friedrich Schinkel und »Architekt des Königs«, nämlich des preußischen Königs Friedrich Wilhelm IV. Der Architekt Stüler plante so berühmte Bauten wie das Neue Museum und die Alte Nationalgalerie auf der Berliner Museumsinsel. Die einflussreiche Adelsfamilie Henckel von Donnersmarck war in Oberschlesien ansässig. Von dort war Graf Hugo nach Wolfsberg gekommen, um den Familienbesitz zu übernehmen. Kein Wunder also, dass Stüler für das Mausoleum bemüht wurde und das Vorbild jenes der Königin Luise (der Mutter Friedrich Wilhelms IV.) in Berlin Charlottenburg war.

Es ist auch kein Zufall, dass der achteckige Kernbau mit der Zwerggalerie der Außenwand an Baptisterien und Vierungsbauten der italienischen Romanik erinnert, etwa die Vierung der Kirche Sant'Ambrogio in Mailand, das Baptisterium in Cremona und besonders das in Ascoli Piceno. Stüler war – wie auch König Friedrich Wilhelm IV. – sehr von der italienischen Architektur geprägt (was auch an der neuromanischen Friedenskirche im Schlosspark Sanssouci in Potsdam zu erkennen ist). Das Grabmal der Gräfin im Inneren des Mausoleums mit einer lebensgroßen Schlafenden aus Carrara-Marmor stammt von dem Berliner Bildhauer August Kiss, auch ein namhafter Schinkel-Schüler.

Adresse Schlossberg, 9400 Wolfsberg | **Anfahrt** vom Kreisverkehr der B 70 im Ort Richtung Zentrum, dann rechts in die Paul-Hackhofer-Straße abbiegen und parken, von dort geht es zu Fuß weiter über den Museumsweg und einen Waldweg hinauf zum Mausoleum; oder vom Schloss zu Fuß über Schloßbachstraße und Katzelhofstraße bis zur beschilderten Abzweigung eines Waldweges | **Öffnungszeiten** Das Mausoleum ist immer, aber nur von außen zu besichtigen. | **Tipp** Im Zentrum von Wolfsberg am Getreidemarkt werden im »Haus der Region« viele kulinarische Schätze des Lavanttals angeboten (www.hausderregion.at).

111_Schloss Waldenstein

Wie aus einem Lied eine Hymne wurde

Mit den Worten »Dort, wo Tirol an Salzburg grenzt, des Glockners Eisgefilde glänzt …« beginnt die Kärntner Landeshymne. Dort, wo die Packer Straße vom Lavanttal in Richtung Steiermark führt, steht das Schloss Waldenstein. Hier wurde die Hymne aus der Taufe gehoben. 1835 hatte der Schlossbesitzer Johann Michael Offner zu einer Abendgesellschaft geladen. Dabei bat er einen der Gäste, Josef Ritter von Rainer-Harbach, Gutsbesitzer und Komponist, in der Schlossbibliothek ein Gedicht auszusuchen und es zu vertonen. Rainer-Harbach wählte für diesen festlichen Anlass das Gedicht »Des Kärntners Vaterland« des Juristen und Schriftstellers Johann Taurer von Gallenstein, das 1822 in der Zeitschrift Carinthia veröffentlicht worden war. Den Gästen gefiel das neue Lied, und so verbreitete es sich rasch. 1911 propagierte der Traditionsverband »Kärntner Landsmannschaft« das Lied als Kärntner Hymne. 1930 wollte es die Kärntner Landesregierung zur Landeshymne erklären, allerdings nur mit den ersten drei Strophen, die Kärntens Schönheit beschreiben. Die vierte mit einer Verherrlichung des Kaiserhauses passte natürlich nicht. So schrieb die Kärntner Landsmannschaft einen Wettbewerb für eine neue vierte Strophe aus. Ausgewählt wurde ein Text der Kärntnerin Agnes Millonig, der mit Zeilen wie beispielsweise »Wo man mit Blut die Grenze schrieb« Bezug zum Kärntner Abwehrkampf nimmt. 1966 wurde das Lied offiziell die Kärntner Landeshymne. Doch immer wieder flackern Diskussionen um eine weniger blutige, tolerantere vierte Strophe auf, auch weil sich herausstellte, dass Agnes Millonig ab 1933 illegale Nationalsozialistin war.

Heute weist ein Gedenkstein direkt an der Straße bei der Volksschule auf Waldenstein als Geburtsort der Landeshymne hin. Das Schloss steht verlassen auf dem Hügel. Zu dessen Füßen baut ein Bergbaubetrieb Eisenglimmer ab, als Pigment für Farben und Rostschutzanstriche.

Adresse Waldenstein 1, 9441 Wolfsberg-Waldenstein | **Anfahrt** A 2 Abfahrt Wolfsberg-Nord, die B 70 (Packer Straße) biegt bei Twimberg nach rechts vom Lavanttal in Richtung Pack ab, von da sind es etwa vier Kilometer bis Schloss Waldenstein | **Tipp** Die gesamte kurvenreiche Packer Straße bis in die Steiermark entlangzufahren ist landschaftlich reizvoll und bei Motorradfahrern beliebt. Der Name leitet sich von Pack- und Lasttieren ab, mit denen man früher auf diesem Handelsweg unterwegs war. Ehe es die Autobahn gab (eröffnet 1982), war dies die Hauptverbindung nach Graz.

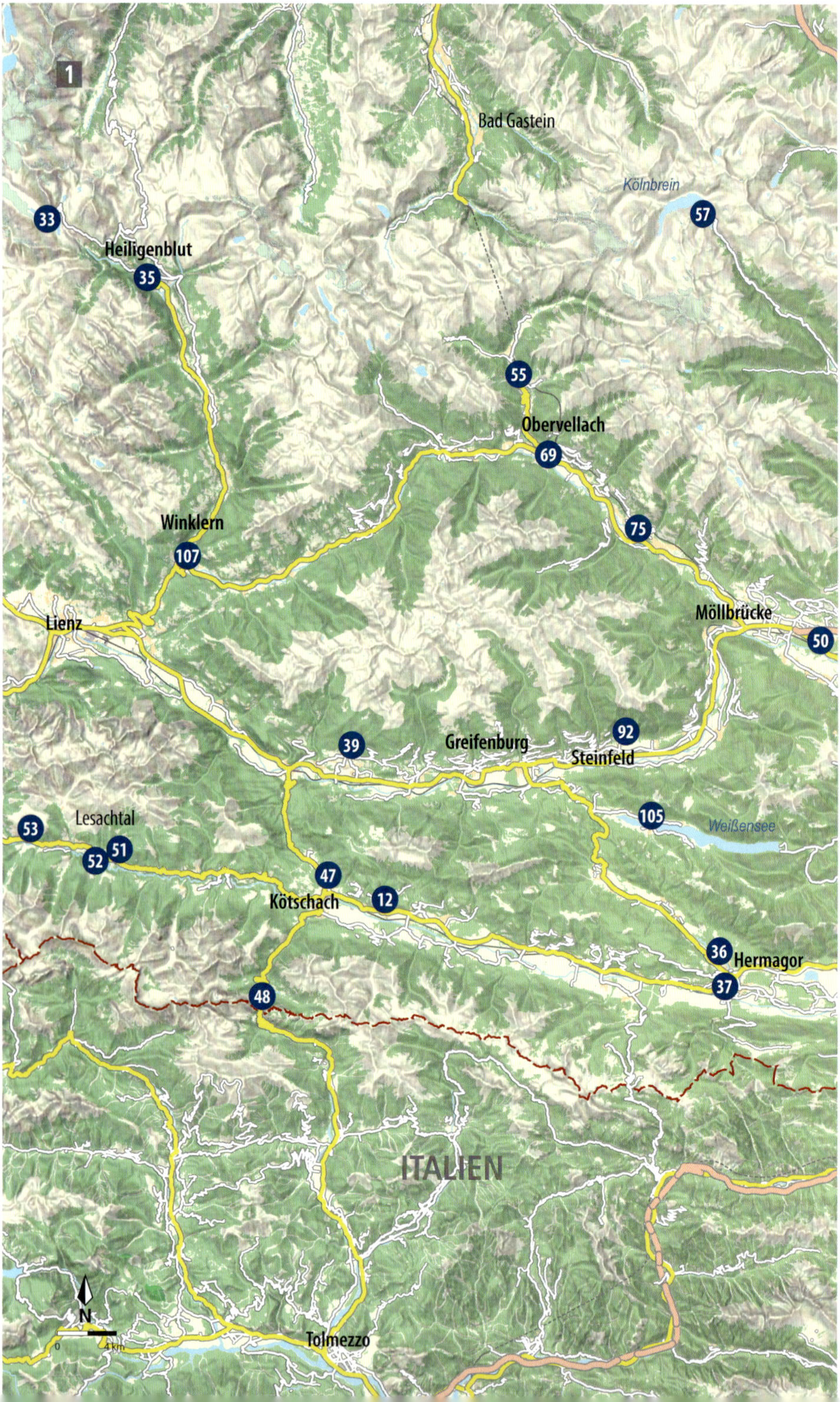
1
Bad Gastein
Kölnbrein
57
33
Heiligenblut
35
55
Obervellach
69
75
Winklern
107
Möllbrücke
Lienz
50
92
39
Greifenburg
Steinfeld
105
Weißensee
53
Lesachtal
51
52
47
12
Kötschach
36
Hermagor
37
48
ITALIEN
N
0
4 km
Tolmezzo

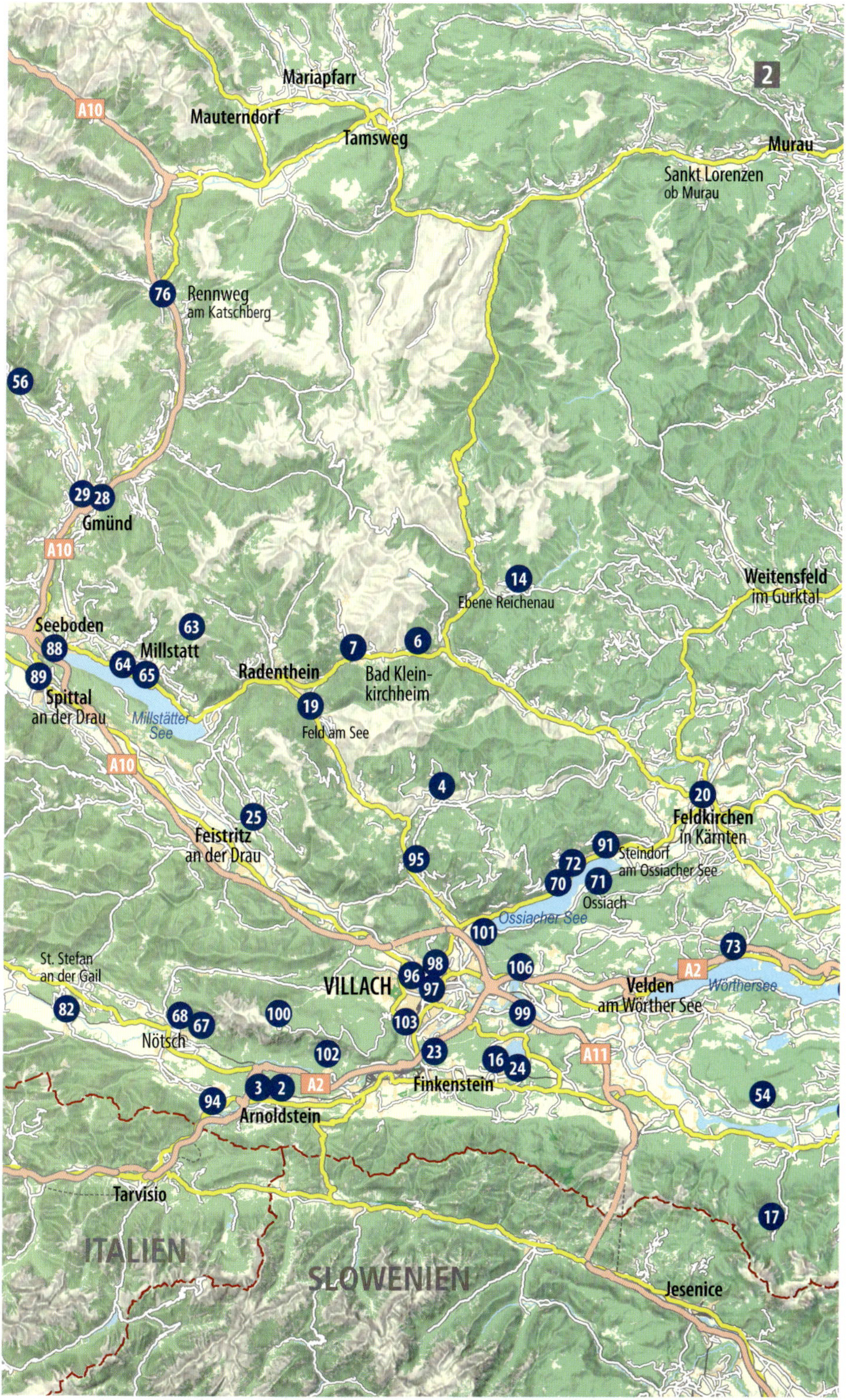
2
Mariapfarr
Mauterndorf
Tamsweg
Murau
Sankt Lorenzen
ob Murau
A10
76
Rennweg
am Katschberg
56
29
28
Gmünd
A10
14
Ebene Reichenau
Weitensfeld
im Gurktal
Seeboden
63
88
Millstatt
7
6
64
65
Radenthein
Bad Klein-
kirchheim
89
Spittal
an der Drau
Millstätter
See
19
Feld am See
A10
4
20
Feldkirchen
in Kärnten
25
Feistritz
an der Drau
91
Steindorf
am Ossiacher See
72
70
71
Ossiach
95
Ossiacher See
101
73
St. Stefan
an der Gail
98
96
106
A2
97
VILLACH
Velden
am Wörther See
Wörthersee
82
68
67
100
103
99
Nötsch
102
23
16
24
A11
3
2
A2
Finkenstein
54
94
Arnoldstein
Tarvisio
17
ITALIEN
SLOWENIEN
Jesenice

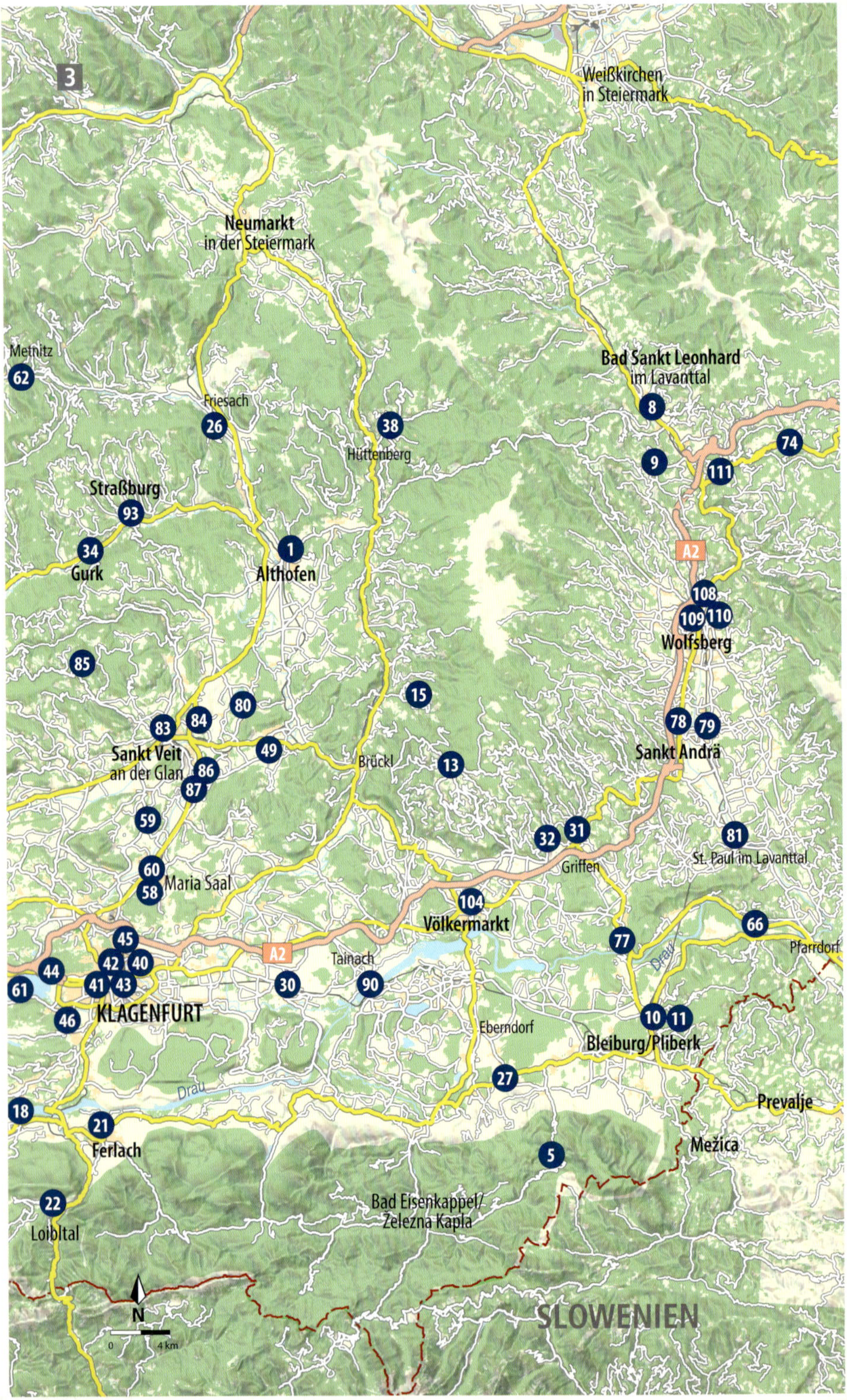
3
Weißkirchen in Steiermark
Neumarkt in der Steiermark
Metnitz
62
Friesach
26
38
Hüttenberg
Bad Sankt Leonhard im Lavanttal
8
9
111
74
Straßburg
93
34
Gurk
1
Althofen
A2
108
109
110
Wolfsberg
85
80
84
83
Sankt Veit an der Glan
86
87
49
Brückl
15
13
78
79
Sankt Andrä
59
60
58
Maria Saal
32
31
Griffen
81
St. Paul im Lavanttal
104
Völkermarkt
66
77
Pfarrdorf
Drau
45
42
40
44
61
41
43
KLAGENFURT
46
A2
Tainach
30
90
Eberndorf
10
11
Bleiburg/Pliberk
27
Drau
18
21
Ferlach
Prevalje
Mežica
5
22
Loibltal
Bad Eisenkappel/Železna Kapla
N
0
4 km
SLOWENIEN

Franz Hlavac, Gisela Hopfmüller
111 Orte in Friaul und Julisch Venetien, die man gesehen haben muss
ISBN 978-3-7408-0575-3

Andrea Nagele
111 Orte in Klagenfurt und am Wörthersee, die man gesehen haben muss
ISBN 978-3-7408-1093-1

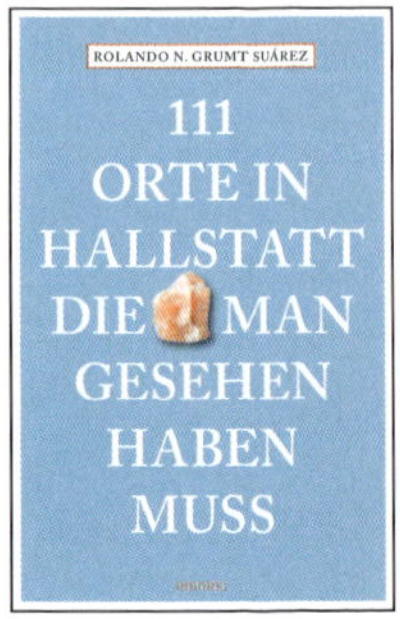

Rolando N. Grumt Suárez
111 Orte in Hallstatt, die man gesehen haben muss
ISBN 978-3-7408-0858-7

Bernadette Németh
111 Orte rund um den Neusiedler See, die man gesehen haben muss
ISBN 978-3-7408-1078-8

Georg Renöckl
111 Orte im Mostviertel, die man gesehen haben muss
ISBN 978-3-7408-1074-0

Susanne Gurschler
111 Orte in Osttirol, die man gesehen haben muss
ISBN 978-3-7408-0847-1

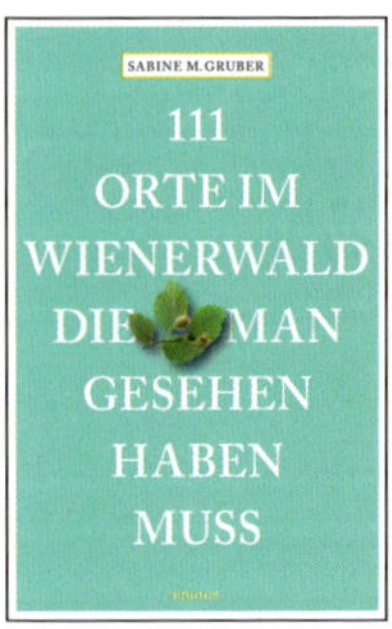

Sabine M. Gruber
111 Orte im Wienerwald, die man gesehen haben muss
ISBN 978-3-7408-0844-0

Günther Pfeifer,
Gerhard Hohlstein,
Franziska Wohlmann-Pfeifer
111 Orte im Weinviertel, die man gesehen haben muss
ISBN 978-3-7408-0843-3

Daniela Dejnega, Luzia Schrampf
111 Weine aus Österreich, die man getrunken haben muss
ISBN 978-3-7408-0618-7

Sophie Reyer
111 Wiener Orte und ihre Legenden
ISBN 978-3-7408-0674-3

Monika Schmitz
111 Orte im Lungau, die man gesehen haben muss
ISBN 978-3-7408-1309-3

Kristof Halasz
111 Orte in Vorarlberg, die man gesehen haben muss
ISBN 978-3-7408-0568-5

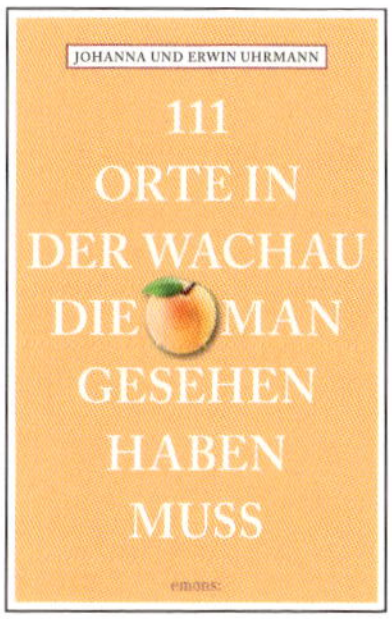

Erwin Uhrmann,
Johanna Uhrmann
111 Orte in der Wachau, die man gesehen haben muss
ISBN 978-3-7408-0565-4

Robert Preis
111 schaurige Orte in der Steiermark, die man gesehen haben muss
ISBN 978-3-7408-0445-9

Susanne Gurschler
111 Orte in Innsbruck, die man gesehen haben muss
ISBN 978-3-7408-0343-8

Sabine M. Gruber
111 Orte der Musik in Wien, die man erlebt haben muss
ISBN 978-3-7408-0348-3

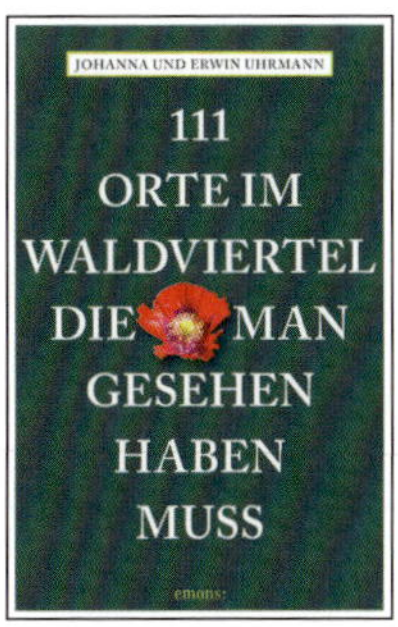

Erwin Uhrmann,
Johanna Uhrmann
111 Orte im Waldviertel, die man gesehen haben muss
ISBN 978-3-7408-0346-9

Gerald Polzer, Stefan Spath
111 Orte in der Steiermark, die man gesehen haben muss
ISBN 978-3-7408-0140-3

Gerald Polzer, Stefan Spath
111 Orte in Oberösterreich, die man gesehen haben muss
ISBN 978-3-95451-857-9

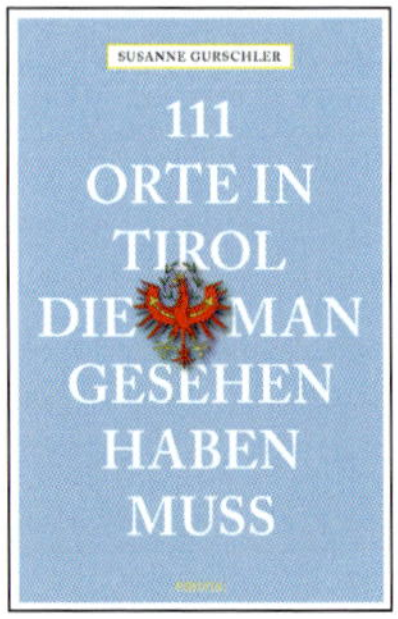

Susanne Gurschler
111 Orte in Tirol, die man gesehen haben muss
ISBN 978-3-95451-834-0

Marion Rapp
111 Schätze der Natur rund um den Bodensee, die man gesehen haben muss
ISBN 978-3-95451-619-3

Gerald Polzer, Stefan Spath
111 Orte in Graz, die man gesehen haben muss
ISBN 978-3-95451-466-3

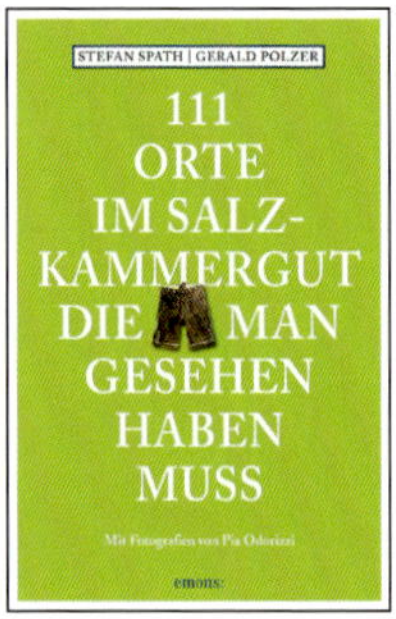

Gerald Polzer, Stefan Spath
111 Orte im Salzkammergut, die man gesehen haben muss
ISBN 978-3-95451-231-7

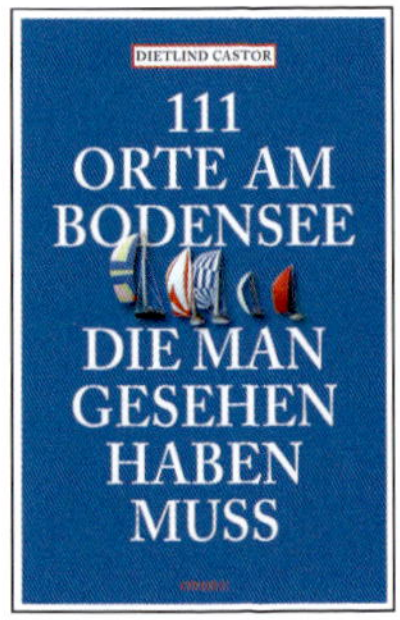

Dietlind Castor
111 Orte am Bodensee, die man gesehen haben muss
ISBN 978-3-7408-1098-6

Peter Eickhoff
111 Orte in Wien, die man gesehen haben muss
ISBN 978-3-7408-0746-7

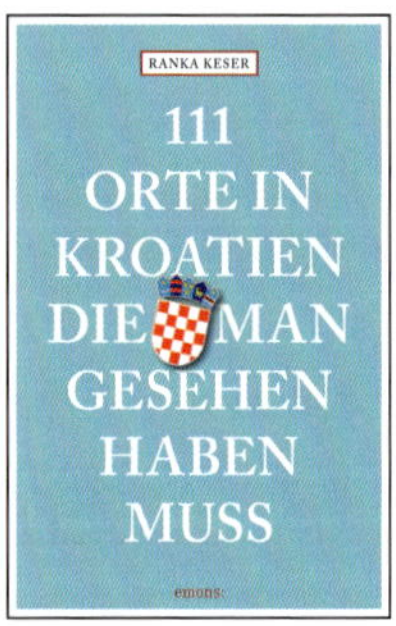

Ranka Keser
111 Orte in Kroatien, die man gesehen haben muss
ISBN 978-3-7408-0557-9

Veronika Wengert
111 Orte in Slowenien, die man gesehen haben muss
ISBN 978-3-7408-1083-2

Dorothee Fleischmann,
Carolina Kalvelage
111 Orte in Budapest, die man gesehen haben muss
ISBN 978-3-7408-0877-8

Matěj Černý, Marie Peřinová
111 Orte in Prag, die man gesehen haben muss
ISBN 978-3-95451-927-9

Jeroen Kuiper
111 Orte in Warschau, die man gesehen haben muss
ISBN 978-3-7408-0978-2

Julia Csabai
111 Orte in Sofia, die man gesehen haben muss
ISBN 978-3-7408-0862-4

Thomas Tribus
111 Orte in Meran, die man gesehen haben muss
ISBN 978-3-7408-0443-5

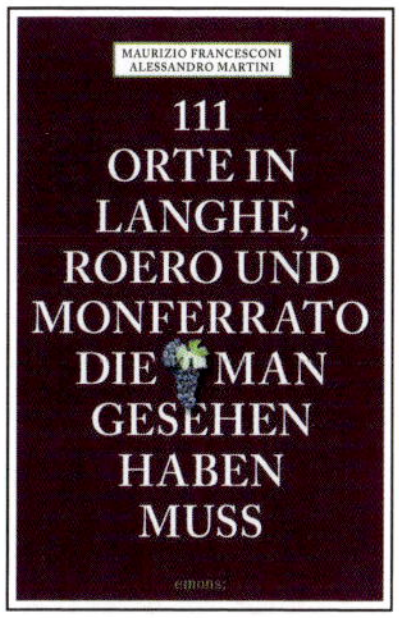

Maurizio Francesconi,
Alessandro Martini
111 Orte in Langhe, Roero und Monferrato, die man gesehen haben muss
ISBN 978-3-7408-0474-9

Lust auf mehr? Laden Sie sich die »LChoice«-App runter, scannen Sie den QR-Code und bestellen Sie weitere Bücher direkt in Ihrer Buchhandlung.

LChoice

Hier bestellen

Franz Hlavac, promoviert in Geschichte, war 36 Jahre lang beim ORF tätig, als Redakteur und Reporter, Ressort- und Abteilungsleiter für Politik und Wirtschaft sowie als Moderator.

Gisela Hopfmüller, promoviert in Kunstgeschichte, war 26 Jahre lang beim ORF tätig, als Redakteurin und Reporterin, Ressort- und Abteilungsleiterin für Politik und Wissenschaft sowie als Moderatorin.